看懂
财经新闻的
第一本书

全新
修订版

[加] 陈思进◎著

SPM 南方出版传媒 广东人民出版社

· 广州 ·

图书在版编目（CIP）数据

看懂财经新闻的第一本书：全新修订版 ／（加） 陈思进著. —广州：
广东人民出版社, 2019.8
ISBN 978-7-218-13539-7

Ⅰ.①看… Ⅱ.①陈… Ⅲ.①经济学—通俗读物 Ⅳ.①F0-49

中国版本图书馆CIP数据核字（2019）第084737号

KANDONG CAIJING XINWEN DE DI-YI-BEN-SHU

看懂财经新闻的第一本书

［加］陈思进 著
出 版 人：肖风华

责任编辑：赵瑞艳　李丹红
责任技编：周　杰　吴彦斌

出版发行：广东人民出版社
地　　址：广州市海珠区新港西路204号2号楼（邮政编码：510300）
电　　话：（020）85716809（总编室）
传　　真：（020）85716872
网　　址：http://www.gdpph.com
印　　刷：广东信源彩色印务有限公司
开　　本：787毫米×1092毫米　1/16
印　　张：14　字　数：174 千
版　　次：2019年8月第1版　2019年8月第1次印刷
定　　价：59.00元

如发现印装质量问题，影响阅读，请与出版社（020-85716849）联系调换。
售书热线：（020）85716826

序 言

在当今社会，除非你的生活能够远离金钱，否则，不管是否喜欢，你都需要关注经济金融，不仅要关注国内的，还要关注国际的。因为这些年来全球经济已经一体化，可谓大家都生活在一个地球村，任何地方发生的财经事件，都有可能间接或直接影响到每个人如何理财。说白了，经济金融的变化将直接关系到你我钱包的大小。

近几年，电视上、网络上都在经常性地向百姓介绍理财的技巧和方法，出现最多的两个词儿是"投资"和"投资者"，好像只要买入任何资产或任何证券就是"投资"；只要涉足金融市场，就叫"投资者"。事实上，国内绝大多数所谓的投资行为，很可能只是在做投机；而国内绝大多数所谓的投资者，也很可能其实只是投机客！

几年前，我注意到国内读者财经常识的普遍缺失，这使我有了写一本财经科普书的冲动，这就是《看懂财经新闻的第一本书》的写作缘起。时间一晃，《看懂财经新闻的第一本书》出版已四五年了，其升级版也出版两年多了。

四年多来，这本书得到市场的认可，进入了畅销甚至长销书之列，特别是该书的电子版，长期位居亚马逊、多看电子书TOP10，说明读者对财经科普读物的需求很大。《看懂财经新闻的第一本书》在网站上出现次数最多的读者评论是"通俗易懂、娓娓道来""财经也可以成为床头读物"。为了让更多的读者获益，结合这两年多来全球财经的新变化，我对升级版进行了再次全新修订升级，并更新了案例，通过进一步解析，手把手教会读者看懂财经新闻。

　　金融是个复杂的东西，各种财经资讯也似乎总让人摸不着头脑，希望这本全新修订版能让你对财经有一个初步的了解，掌握一定的理财知识，具备基本的分析辨别能力。当然，最后还是那句话，最好的投资就是你自己，积极、朴素的生活态度才是致富的"秘诀"。

前　言

如何读财经新闻

每天甚至每时每刻，财经新闻都铺天盖地，我们该关注哪些呢？我们该如何读财经新闻呢？

记得刚到美国时，我留意到那时国内播报的新闻一般都是特大喜讯、好消息，而在美国打开电视，播报的新闻多是所谓的突发新闻（Breaking News），不是杀人就是放火，不是抢银行就是盗汽车，而财经新闻不是失业率又高了就是股市又跌了等。于是在大众传播学的课堂上，我就两国新闻的不同点忍不住向教授请教。他说："狗咬人不是新闻，人咬狗才是新闻。现在处于和平年代，社会稳定是常态，这样的新闻可以忽略不计，只有杀人、放火这类非常态事件，才会被当作新闻报道出来。新闻就是要报忧不报喜，因为喜本该是常态，不足挂齿。"所以美国有一句俗语"No news is good news"（没有新闻就是好新闻）！

其实看财经新闻也一样，大家要特别留意坏消息，好消息根本不用去听，因为"好"是常态，是应该的，比如生产力提高啦、GDP和人均收入都提高啦，在一个和平的社会中，随着生产力不断提高，做到这些是应该的。同时，任何事物都该一分为二，即使在好消息中，我们也必须学会从另一个角度看到其"坏"的一面。以此来推论，我们对于坏消息就更要做好充分的准备。所谓"Wishing for the best, preparing for the worst"（做最好的许愿，做最坏的准备）。

多年来，美国人好日子过惯了，太乐观了。他们不懂何谓积谷防饥，更不明白什么叫未雨绸缪，平时的积蓄最多只够花三个月，即中产阶级距离穷人只有三个月。因为对银行的房贷只要违约三个月，房子就将被投放到市场中去法拍。于是金融危机一来，有几百万乐观的美国人失去了家园，给我们上了一堂形象生动的课。

那么，我们如何来读懂财经新闻呢？

如前所述，美国的新闻，特别是所谓的突发新闻不是杀人就是放火。刚进华尔街时，我的顶头上司就被法院随机挑中，当选为一起杀人案的陪审团候选人。（在美国，每一个公民都有做陪审员的责任，一旦被挑选上就必须去，十天半个月不能上班，公司不能扣薪资。）没想到隔了一天，他就回来上班了，说是没有被选上。因为那个嫌疑犯是西班牙血统的南美人，而我的顶头上司也是西班牙裔，需要"避嫌"。按照现在流行的说法，就是"屁股决定大脑，立场决定观点"。

我的顶头上司落选了，闲聊时问起陪审团的筛选过程我才知道，挑选陪审团人选，一般来说有两类人是选不上的：一类是高学历的所谓"精英人才"，包括博士、专家和教授；另一类尤其要避嫌，他们不能和嫌犯扯上任何关系。举例来说，假如嫌疑犯是古巴人，那么古巴人（甚至古巴裔）就选不上了，唯恐陪审团员嘴下留情；如果嫌疑犯是伊拉克人，那么伊朗人也选不上，生怕你会借机公报私仇。

第二类人选不上可以理解，但为何高学历的精英也不能当选陪审员呢？这就是英国制定的普通法（common law）的基本原则，陪审员只要有常识（common sense）即可。这是多么合情合理的原则啊！因为专家、学者和教授的大脑太复杂，研究的问题太纵深，往往反倒失去了常识。举例来说，按中国的法律，蓄意杀人该偿命，这是文盲都知道的常识。那么现在若问：故意杀人犯该不该判死刑？只要被问及的不是杀人犯的母亲，正常人应该都会回答"该杀"，绝对不会说什么因为激情犯罪可以轻判；更不会为杀人犯去求情，不会分析杀人犯为何会成为魔鬼、为何超越伦理底线。如此简单的一个问题，至于这么复杂吗？杀人偿命，就那么简单。

其实，读懂财经新闻和甄选陪审团的道理是一样的：第一，用常识去判断；第二，对在新闻中发表观点的人做一些背景调查，看看此人是否与当事人有"conflict of interest"（利益冲突），据此来判断对于该新闻该正听还是反听，抑或根本就不能听。这里可以借用巴菲特的名言："在任何领域，专业人员高于门外汉，但在金钱管理上往往并非如此。"

现在似乎主流媒体对于财经金融的分析已失去了常识，而我的所有文章里都有一个"核心"，就是删繁就简、返璞归真、回归常识。如果非要提高到经济理论上来说，也应该回归到传统经济学。这些年来，很多金融专业人员失去了常识，已经被自己设计的游戏规则弄得晕头转向了，金融危机一个接一个，伤及的绝大多数是普通百姓。

那么普通百姓要怎样投资，才能确保自己的财富不受侵蚀？要讲清这个问题，首先必须弄清投资和投机的区别。只要明白了投资和投机的区别，阅读财经新闻的时候，也就不那么容易去跟风操作了。

举例来说，我们常常会听说某人前几年买了一套房子，这些年涨了好几倍；某人炒股半年买了套豪宅；某人前些年购入的黄金，这两年又涨了两倍。真羡慕啊！那就赶紧跟上吧？且慢！当你明白但凡只能靠价差（如低买高卖或高卖低买）来赢利均属于投机的话，你就不会跌入"羊群效应"中。因为投机市场是十个人进去，一个人赚，二个人打平，七个人亏（二八定律在金钱上表现为一二七定律）。正因为前面进入市场的人有的大赚，假如你轻易盲从、人云亦云，就将陷入骗局导致投资失败，成为最后的傻瓜！

那么投资和投机的区别究竟是什么呢？其实很简单，**投资的收益是来自投资产品所产生的财富；而投机的收益，是来自另一个投机者的亏损。**换句话来说，投机是参与一种零和游戏（不计算交易成本和税收，亏损的钱和赚取的钱之和为零）。

假设你买入一个金融产品，不管是股票还是债券，抑或是房子，只要是希望回报来自买卖时的不同价位（做多时先低买后高卖，做空时先高卖后低买），就属于投机；而如果你是指望这个产品能不停地产生收入（如上市企业生产出来的财富），比如股票的利息分红（欧美股市中绝大多数股票都有分红的）、债券的定期票息（coupon），或者房租收入等，这就是投资，不属于零和游戏的范畴。但是在中国，股市中的股票基本上不分红，那么在中国进入股市基本上属于投机操作，一种零和游戏而已，不过是这个炒股者的回报来自另一个炒股者的亏损，也就是低买高卖，属于典型的市场投机。

再如人们喜爱的黄金，由于黄金在工业上已有替代品，所以黄金本身不能再产生财富，所以买卖黄金也纯属投机行为；另外，所有金融衍生证券也都不会产生财富，是典型的零和游戏，因此投入金融衍生产品，自然也是投机行为。

弄懂了投资和投机的区别，读者就可以自己分析了。如国内最热衷的购房行为，如果是希望得到稳定的租金收入，就属于投资；假如购房仅仅是期望低买高卖，那就是投机了。特别要注意的是，投资和投机（英文分别是investment和speculation）在金融领域并无褒贬之分，只是回报的来源不同而已。投机不会创造财富，只是财富的再分配，并不会增大市场的蛋糕；只有投资才能创造社会财富。

总之，只有能创造新的财富的行为才是投资，投机只是财富再分配而已。

那么为何在我的文章里，要反复规劝普通百姓尽量多投资，少投机呢？因为投机是零和游戏，有人赢了，就一定有人输。就如同进赌场，一人赚，二人打平，七人亏，输的多半是散户。为什么呢？由于市场信息极其不对称，普通百姓往往是最后得知好消息（或者是坏消息）的群体。当你听到有人发财的新闻时，就更不能轻易进场了。因为你多半就会成为那七人中的一个，你所亏损的钱，正好进入了前面那个人的腰包！当然，投资也有可能亏损，但是相对于投机来说可控度比较大。比如在欧美就有一种抗通胀的债券，其回报率一定能超过通胀率，买入这种债券带来的息票（coupon）回报是可以预期的，并能抵御通货膨胀。

自从有了微博之后，我们经常能看到对于一个市场（如房市、股市、金市）的唱多派和唱空派隔空互掐，好不热闹。其实，任何一项交易都是由唱多派和唱空派合作完成的。买方是唱多派，卖方就是唱空派，两方缺一不可，一个愿打一个愿挨，吵吵闹闹如同欢喜冤家。所以，唱多派和唱空派大可不必伤了感情，应该相互感谢才是——一个健康的市场需要投资者和投机者同时并存，否则这个游戏就玩不起来了。

假如一个市场中全是唱多派（只有买家没有卖家），或者都是唱空派（只有卖家没有买家），那还能成市吗？唱多派因为唱空派的存在买到了他所想要的价格；与此同时，唱空派因为唱多派的存在，才能使得做空成为可能。至于唱多派和唱空派谁能看准市场，那就更没有必要相争了——千金难买早知道，市场若有效，那每一派的胜算都只有50%。因为在一个市场中，当唱多派多于唱空派时，市场向上；当唱空派多于唱多派时，市场则向下，如此不断循环，就好似月圆月缺，潮涨潮落。而金融大鳄之所以能成为大鳄，就在于他们能够巧妙地利用传媒控制舆论，自己要做多时就唱空市场，反之，自己要做空时就唱多市场，以此来忽悠信息不对称的广大散户。这就是为何散户会傻乎乎地被唱多派（或唱空派）任意宰割的原因。

所以，我一般不对投机市场做预测，因为黄金和其他许多大宗商品一样，早就成了华尔街忽悠大众的利器了。对于华尔街来说，最好就是涨涨跌跌、跌跌涨涨，他们唱空做多、唱多做空，从中获得巨大的利润。犹如桌上有半杯水，乐观的人看多，他们会说："不是还有半杯水吗？"而悲观的人看空，他们会感叹："啊呀，就只剩半杯水了。"当唱多派和唱空派达到平衡时，价格一般是合理的。合理的价位，反映出来的就是真正的供求关系。一旦失去了平衡，供求关系就会被扭曲，价格也会随之被扭曲。

所以对于普通百姓，我要再次强调：多做投资，少做投机（包括早就不属于投资产品的黄金），除非你有过人的第六感，否则小赌怡情，玩玩即可。

现在你要问了：那么什么才是最好的投资呢？

这里先说一个小故事。我有个朋友在10年前存了5万元，他没有以5万元作为购房的首付款，也没有用来买股票，而是看到一则新闻，说未来对同声传译的需求将大增。他用供求关系一分析，相信同声传译未来能够赚大钱。于是，我那位朋友就花了5万元来进一步学习外语和练习同声传译。起先周围的朋友都笑他傻，但现在他成了人们羡慕的对象。现在中国同声传译的价码高达每小时250美元！这是一笔何等划算的投资啊！而且大脑里的知识是任何人都无法剥夺的。

从上述例子可以看出，一旦明白了投资和投机的区别，就知道该将金钱投向哪里。**对于普通百姓来说，最好的投资莫过于投资自己的大脑，它能为你带来源源不断的回报。**这也是为何我反复劝说人们要少投机，多投资的原因。因为投资不仅可以给自己同时也能给社会创造真正的财富；反之，财富随时随地都有被剥夺的可能。

美国开国元勋托马斯·杰斐逊（Thomas Jefferson）说："如果美国人民允许私人银行控制货币的发行，那么银行和那些将要依靠着银行成长起来的公司会首先用通货膨胀，然后用通货紧缩……来剥夺人民所有的财产，直到他们的孩子梦醒时发现，他们在父辈们征服过的大陆上已无家可归。"

比如美联储（美国联邦储备局）这个代表着私营信贷的垄断银行，就具备了制造繁荣与萧条的能力：美联储作为美国的央行，可以随意发行货币（导致通货膨胀），可以采取紧缩货币政策（导致通货紧缩），也可以随时更改银行准备金的标准或者贴现率，它还能决定整个国家的银行利率。

由此，在金融危机最严重的2009年，美联储的利润也创下了从未有过的573亿美元的历史新高。事实上，通货膨胀和通货紧缩是一枚钱币的两个面，缺一不可，必须连续使用才能达到掠夺财富的最大效果。仅靠通货膨胀，富人自身的财产也同步在缩水，而且比穷人缩水得还要多，只能达到掠夺财富的半步，所以通货膨胀之后必然会通货紧缩，这样才能完成掠夺财富的目的。以日本为例，首先制造通货膨胀，使百姓以为钱将不值钱，于是纷纷买入资产（如房地产、黄金，或进入股市）以求保值；而随着之后的通货紧缩，房价大跌、股市崩盘，20年一晃，人们的财富尽失，很多人至今都无法"解套"。

看到这儿，普通百姓应该明白怎样守护自己的财富了吧？

历史事实证明，勤劳是增加社会财富的唯一手段。 根据英国经济学家安格斯·麦迪森的研究，按照GDP总量，中国从公元1世纪到鸦片战争之前一直是世界上最大的经济体，直到19世纪90年代才被英国取代。这说明中国的经济模式一直是对的，只是被帝国主义侵略掠夺了财富之后才变得贫穷的。

总而言之，要想看懂财经新闻，首先要特别关注"坏消息"；其次，看清楚是什么样的"专家"在说话，有的要听，有的不能听，有的只能反听；再次，看财经新闻时要能分清什么是投资、什么是投机，尽量多投资、少投机，多学投资、避免投机；最后，回归常识，第一感觉不靠谱的，基本上就不靠谱，听上去太好的，一定是假的。

电影《功夫熊猫》中有句话道出了事实的真谛："The secret ingredient is ……that there is no secret ingredient! We don't need a secret ingredient. We don't need to be someone 'special'。"秘密的佐料就是没有佐料。从这句话可以衍生出来一句话，也是我要送给你的一句话：**金融没有秘诀，发财更没有秘诀，投资自己，将自己变为最值钱的"东西"，财富自然会源源不断。**

经常有人反复问我什么是最好的投资，我猜他们可能是想问怎样才能发财。那就再提几个具体的建议吧：

首先，投资自己。 让自己的知识储备、视野能够匹配和驾驭更多的财富，这样财富增加到一定程度后，才不至于成为自己的压力，以致忘乎所以。

其次，做自己喜欢的事情。 将自己喜爱的事业放在首要位置，财富便会尾随而来。当你把自己喜爱的事业做好了，财富早晚会对你如影随形。

再次，从身边认识的人身上吸取经验教训，即要进入一个好的朋友圈。

总之，最佳投资就是投资自己的大脑和健康——你可以把自己当作一个公司来经营，把自己做强、做出特点、做出价值。而如果你真有特长，特别是有创意的话，现在倒是创业的机会成本最低的时代，通过创业来创造并积累财富，比在金融市场中投资要靠谱得多得多。

最后，从财富角度解读一下曾国藩的墓志铭中的"信运气"：**小财富靠勤劳、勤奋，而大财富很大程度上还有一部分运气和机缘在里面。**

看懂了财经新闻，将能左右你钱包的大小……

目　录

第一章　资本的暗逻辑

为什么输钱的总是你，数钱的总是别人？ // 3

你是在投资，还是在投机？ // 13

"去杠杆"跟我们有关吗？ // 17

金融创新是把"双刃剑" // 21

当心过度金融化 // 27

第二章　专家的话，到底听不听？

资本圈的"岳不群"——神话背后的巴菲特 // 37

"高盛"们的面具——谁还在迷信投行？ // 46

屁股决定脑袋——理财师还是忽悠师？ // 54

投资是场信息战——国际"炒家"的谎言 // 61

自古忠言多逆耳——不讨好的"乌鸦嘴" // 66

第三章　炒房？租房？

多地放松调控，房价又要涨了吗？ // 73

没有房子就结不了婚吗？ // 77

房产税究竟是个啥？ // 82

德国人为何爱租房，不爱买房？ // 92

有什么你不知道的租房经济学？ // 100

小贴士：如何轻轻松松做"房奴" // 106

第四章　被忽视的货币真相

特朗普为什么要打贸易战？ // 111

"另类货币"比特币 // 113

货币本质上就是一张欠条 // 123

人民币能成为世界货币吗？ // 129

黄金真的能保值吗？ // 138

第五章　正确的财富观

"垮掉的中产阶级"——美国模式 // 153

慷慨背后的秘密——欧美富人为何爱捐钱？ // 161

世界各国遗产税 // 167

看清经济增长的"幌子"——你被GDP忽悠了吗？ // 168

欲望无休止——谁让我们远离了幸福？ // 173

中国古代智慧的"远亲"——北欧模式 // 180

附 录

华尔街主要投资银行 // 189

美国主要证券交易机构 // 192

美国各类投资工具 // 193

其他各类在美国比较流行的投资工具 // 197

其他华尔街常用术语 // 197

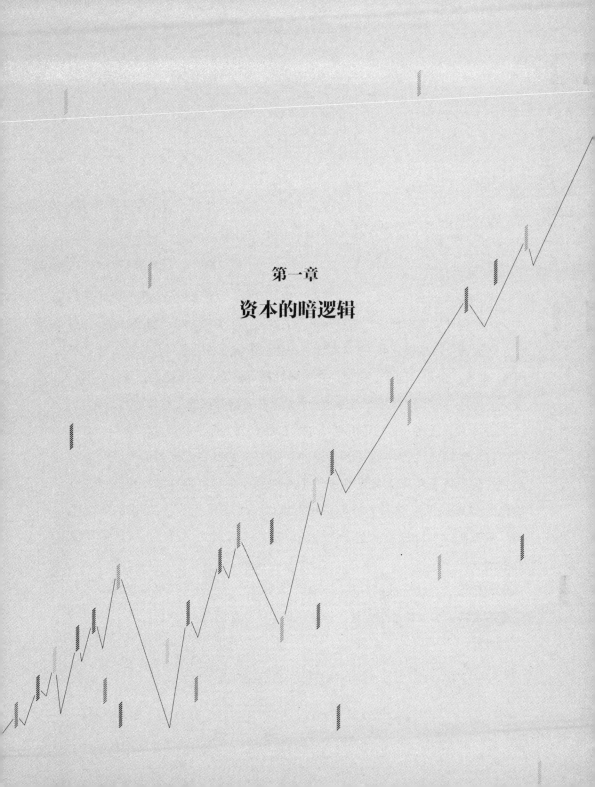

第一章

资本的暗逻辑

从2008年开启全球量化宽松开始，到2016年，全球经济总量是75.5万亿美元，而全球股票市场总市值是64.8万亿美元，全球债券总市值是100万亿美元，金融衍生品规模达483万亿美元——金融市场规模几乎是全球经济总量的8倍。个人、企业、国家的命运，在金融杠杆之力下，经历着翻云覆雨的剧烈变化。但是与此形成强烈反差的是，民众对于金融知识的了解却远远不够。

在本章，我将一边向你介绍华尔街的各种发明创造和专业术语，一边为你解答种种疑问：你将钱交到了谁的手中？你的钱将会被如何管理？谁将会站在你的阵营中而谁又是你的对手？你是不是在拿本打算投资的钱进行投机？你真的了解你的投资产品吗？你做好准备承担投资/投机的风险了吗，只有把这些问题搞清楚了，你的财富才有可能如你所愿地实现明明白白的增长。

世上没有无缘无故的收获，天上不会掉馅饼，人间也没有活雷锋。投资需要基本常识加上勤奋和智慧，其次才是一点点的运气。

为什么输钱的总是你，数钱的总是别人？

新闻案例

A股重演近千股跌停：沪指创近4年新低，创业板指跌逾6%

2018年10月11日 澎湃新闻

时隔仅4个月之后，A股重现千股跌停。

10月11日，A股三大指数全线暴跌。其中，上证综指下跌142.38点，跌幅5.22%，收于2583.46点，创近4年新低；深证成指下跌6.07%，收于7 524.09点；创业板指下跌6.30%，收于1261.88。

当天的盘面上，各大板块全线皆墨。沪深两市近3500只个股中，1056只个股将近跌停（跌幅超过9.90%），仅72只个股红盘。

A股上一次上演千股跌停，是在今年6月19日，端午假期后的首个交易日，A股市场重现近千股跌停，上证综指盘中一度失守2900点整数关口，创两年来新低。

10月11日的盘面上，无板块领涨，仅西藏板块和人民币贬值板块部分个股略有表现，高争民爆（002827）、西藏发展（000752）逆势涨停。

科技股半日领跌；油服板块掀跌停潮，石化机械、海油工程、杰瑞股份、中曼石油等近10股跌停；次新股亦全线杀跌，南京证券、新兴装备等超10股跌停。此外有色、军工、汽车板块均表现低迷。

个股方面，美国FDA对其原料药及成品药发进口禁令，华海药业连续4日跌停；逾百亿应收账款或无法收回，华业资本近6日5个跌停。

以上是一则有关股市悲惨现象的新闻，其核心信息是"A股近千股跌停"。按照我们在前言里总结的看懂财经新闻的四大原则——（1）特别关注坏消息；（2）专家的话要辨别；（3）分清投资和投机；（4）回归常识（核心原则）来分析这条新闻，相信你不会有太大疑问——这显然是一则坏消息。记得我在前文说过的吗？看到坏消息要特别留意：新闻究竟说了什么？和我有什么关系？我应该如何应对？对于没有在中国股市投资的人来说，是不是就不需要关心了呢？当然不是！股市作为虚拟经济的重要组成部分，和身在经济体中的每一个人都密切相关。你能想象股市哀鸿遍野的同时，人民生活却欢乐富裕的景象吗？

关于专家的话如何听，我在前文提到过，在一条有专家发言的新闻里，首先要看说话的人是谁，其次看接受采访的专家是什么身份背景，他的发言是否和他本身的职业岗位存在利益冲突，他有没有相关的投资，他的言论会不会对他的投资有所影响。这则新闻里面没有出现专家言论，这一点可以跳过。

关于投资和投机，炒股究竟是投资还是投机，我们在前文对投资和投机做过分析：如果你是在合理价位之上买入股票的，那你就进入了一场击鼓传花的投机游戏，只有找到下一个接棒的投机客，你才能得到解放。

关于回归常识，投资自然伴随着风险，没有谁能保证你的投资收益，因为未来无法预测。不对投资持有不切实际的期望，才能以正确的心态及时地对自己的投资做出调整，保证收益最大化（或亏损最小化）。

股市之所以颇具吸引力，是因为它能满足人们的赌欲。走入股市，就如同走进一家麻将馆。股市里形形色色的人物，不过是麻将馆中各个角色的"变身"而已。

首先，来这里打麻将的人必须先向老板缴纳一笔"入会费"，成为会员后方可入场"搏杀"。这笔"入会费"，可以理解为上市公司的IPO（Initial Public Offerings，首次公开募股，简称IPO）。

其次，麻将馆里有许许多多牌桌，每个牌桌都由一个"摊主"负责打理，如洗牌发牌、端茶倒水。所以每打一轮麻将，客人还需向摊主支付一笔"服务费"。在股市中，这些"服务费"可理解为券商收取的交易佣金、政府课扣的印花税等各类交易成本。

再次，任何赌博都不可能是公平的博弈。这里"庄家"遍布，"老千"横行。那些自以为掌握了价值投资真谛的新手，是他们最理想的猎物。

最后，就是大量充满幻想的"赌徒"了。即使所有人都明白在这里会九死一生，也无法浇灭他们的热情，因为每个人都认为自己是赌神，而当炮灰的是别人。

"麻将馆老板"和"摊主"当然稳赚不赔。"老板"一次性获得的IPO会费就不提了。而"摊主"呢？只要麻将桌不空着，不论谁输谁赢，钱都照收不误。他们最关心的是"成交量"，也就是吸引更多的赌徒入场。要做到这点，最好的方法就是放大筹码。一次输赢10%显然比输赢1%来得刺激。对股市来说，就是要增加股票波动性。没人会对一年只波动1%的股票感兴趣。

"庄家"和"老千"能赚多少，要看他们"坐庄"或"出千"的水平。但相对那些老实巴交的"赌徒"，他们就算不胜券在握，也至少十拿九稳。

"庄家"或者"老千"，是十分微妙的角色。股民对"庄家"，可谓是爱恨交织。股场老手都知道"无庄不股"。没有"庄家"的股票，犹如一潭死水；可是"庄家"一旦"发起飙来"，小散只有被套死的份儿。所谓"庄家"，说得"文雅"一点，就是传说中的"主力"。这些人手中握有足够数目的股票，足以操纵价格。很多上市公司雇有专业"操盘手"，其工作就是在关键时刻拉高或打低公司股价。公司想要"吸筹"时，会首先甩出大手卖盘快速生货；而要增发股票或套现时，往往会把股价快速拉升。当然，如果你和"庄家"心有灵犀，在主力大举行动前就看穿其意图，便可将主力的一部分预期利润纳入自己囊中，但此境界非常人所能及也……

目前，操纵股价几乎在任何国家都会被认定为非法行为，其主要原因在于它不可能不包含欺诈。在对手盘不明确或上市公司没有特别消息的情况下，"庄家"要想拉升或打低一只股票是很难的。"庄家"的惯用手法，要么是再开一个账户作为交易对手"对敲"；要么是利用与上市公司的特殊关系，释放虚假的利好或利空消息，引诱不明真相的散户上钩。虽然证券监管早已明令禁止这些行为，但屡禁不绝，原因其实在于"一个愿打，一个愿挨"。股民们太爱"庄家"了，以至于多数人患上了"斯德哥尔摩综合征"。鱼儿并非不怕鱼钩，可美食的诱惑实在难以抵挡，而几乎所有鱼儿都认为自己就是那既能吃到食、又能逃过一劫的少数幸运儿之一。

在股场历史上，"不出老千"，单靠"真本事"能做到稳定获利的"牛人"寥寥无几。大名鼎鼎的巴菲特更是操纵股价的高手。他的一言一行足以影响股价波动，而这点又让他赚钱变得更加容易。自从荷兰东印度公司发行首只股票以来，股场"庄家"可谓"豪杰辈出"。不过他们最早的乐土，是18世纪北美那片刚刚独立的土地。那时还没有"证券交易所"的概念，所有交易都在场外进行。由于缺乏完善的规则，"庄家"和"老千"四处兴风作浪。但正是在如此毫无监管的土地上，股票交易反而发展得如火如荼。

史上最早的大"庄家"

据说股票交易史上最早的"庄家"和内幕交易者，是一个名叫威廉·杜尔（William Duer）的美国人。

1791年年底，市场上盛传合众国银行要收购纽约银行，并要将其变成合众国银行在纽约的分行，但该消息当时并未落实。当然，一旦有任何风吹草动，最先获悉的人一定会是杜尔。

杜尔将其视为一生难得一次的投机机遇，而他个人丰富的消息来源也吸引了其他富豪与他合作。很快，杜尔与纽约富豪亚历山大·麦科姆（Alexander Macomb）达成了为期一年的合作协议，该协议规定，麦科姆出资对纽约银行的股票进行投机，杜尔则凭借其从财政部获得的各种内幕消息和他自身的投机天分分享利润的50%。杜尔用麦科姆的资金购入大量纽约银行股票，以期在消息证实后大涨。

不过在银行合并这件事上，即使是神通广大的杜尔，也没有十足把握。杜尔始终担心一旦该消息落空，这笔钱就捞不到了。不过狡猾的他很快想出一个万全之策："如果我能再找一个人合作，用他的钱反手做空[1]纽约银行股。不就相当于上了一个双保险吗？"

做空在当时是一项非常高端的交易技巧，大部分人根本不理解，他们想不明白，为什么股价下跌还能赚钱。不过做空也酝酿着巨大风险。一旦你看错方向，股价不跌反涨，那么当众人欢呼雀跃的时候，就只有你自己"潸然泪下"了。

说干就干。杜尔在帮助麦科姆做多纽约银行股的同时，自己却偷偷摸摸地做空这只股票。他还说服纽约的利文斯顿家族和他一起加入做空者的行列。尽管杜尔费尽口舌讲解，利文斯顿一家人还是对"做空"这个概念一知半解。不过因为杜尔声名远扬，又是在政府工作的"线人"，他们对杜尔的判断毫不怀疑。

杜尔所采用的这种"双向策略"，现代金融称之为"对冲"。杜尔大概也是股票史上最早采用对冲策略的人。

有人可能会纳闷："一头买股票，另一头做空，这算什么策略？不管股价涨还是跌，都是一头赚、一头赔，最后岂不是白忙活一场？"

杜尔不是傻子，当然不会做无用功。这里的关键在于：杜尔是在用别人的钱玩对冲，即我们现在常常说的OPM（other people's money）。他的如意算盘是这么打的："如果合并真的发生，那么纽约银行股价会暴涨，赚来的钱我和麦科姆对半分，利文斯顿就让他倒霉去吧，亏损由他们自己承担；若合并落空，股价大跌，那么我就和利文斯顿家族分蛋糕，麦科姆就自己认栽

---

1 做空，是先借入标的资产，然后卖出获得现金，过段时间之后，现支出现金买入标的资产归还。

吧，我只跟你说过分享50%的利润，没跟你说过承担你50%的亏损。""亏损全是别人的，赚了一部分归自己"，这就是OPM——现代投资银行屡屡赚钱的真谛。其实早在200年前杜尔就玩过了。这是一场风险与收益严重不对等的游戏。

这本是一个天衣无缝的"无风险获利法"，但结局却颇有戏剧性。由于杜尔和麦科姆的合作在明处，而跟利文斯顿的合作在暗处，公众只知道跟着杜尔买进纽约银行股，于是股价越追越高，合并的消息还未传来，股价早已暴涨数倍。"跟着杜尔，没错的！"市场大批投机者跟风，其规模之浩大远远超出了杜尔事先的想象。杜尔现在坚定地看多了，他还认为：相对纽约银行，其他银行的股票处于"价值洼地"，更具投资价值。于是，他从很多私人那里借来大笔资金买入其他银行股，如百万银行。

不要忘记市场另一头的可怜人。此时，做空纽约银行股票的利文斯顿家族终于坐不住了，他们不可能坐视自己的利益遭受损失。杜尔可能错就错在低估了利文斯顿家族的实力，在老虎头上拔毛，又要让它轻易罢休可不是件容易事。为扭转局势，利文斯顿家族开始大量从银行提取黄金和白银，同时迫使银行实行信贷紧缩。在这些举措之下，银行利率很快就飙升至日息1%以上。信贷紧缩使纽约银行与其他各银行的股价一泻千里。杜尔虽然在纽约银行股票上做了对冲，可是他还大量举债，做多了许多其他银行股，这些股票价格下跌后，他唯有认赔的份儿。

祸不单行。与此同时，财政部的审计员发现杜尔还从财政部的账户上挪用了23.8万美元的巨额资金。财政部正式起诉杜尔，要求追回这笔款项。时运急转直下的杜尔并未绝望，还在做着垂死挣扎。他四处借钱，试图补上这个大窟窿。然而，墙倒众人推，此时谁还会借钱给他呢？

很快，杜尔就因挪用公款和欠债不还而锒铛入狱。之后，市场恐慌情绪蔓延，股价一泻千里，众多投机客在这一轮狂潮中输掉了自己的最后一件衬衫。杜尔这位股市操纵者的鼻祖也在狱中度过了自己短暂的余生。

现代经济学假设人们生活在一个信息完全的世界里，且所有人行为理性。但众所周知，真实世界并非如此，甚至恰恰相反。杜尔可算得上是真实世界中极少数既具有较完备信息、行为又相对理性的人。他利用自己特殊的职务便利获得了比其他投机者更全面、更准确、更及时的各种消息；同时，他自己又具备丰富的投资和投机经验，且对市场有很强的影响力。但即使如此，面对巨大的利益诱惑，他也无法做到完全冷静，贪念最终战胜了理性。

如果让杜尔总结教训，他可能会说，人可以一事投机而不能事事投机，可以投机一时而不能投机一世。但是，人却总是好了伤疤忘了疼，或者是看着别人的伤疤自己不疼，别人的教训未必会对自己产生作用。即使是自己付出惨重代价换来的教训，时间长了，形势变了，可能也会淡忘。面对人类这与生俱来并且将世代延续下去的非理性，唯一的对策就是建立完备的制度来约束人们的行为。

梧桐树下的君子协定

1792年杜尔投机的失败，很快在北美股票市场掀起一次大恐慌。要怪怪不了别人，只能怪这位"庄家"实在是太出名了，谁都在跟着他做。在那时，有渠道获取内幕消息并进行交易，被认为是一种殊荣，完全就是合法的行为。现在"老大"蹲监狱去了，"小散"们焉能不失去方向？杜尔入狱的消息一经传开，股市便开始加速下跌。第二天，仅在纽约那片当时并不大的金融社区里，就发生了25起破产案。金融市场一片狼藉。

一个杜尔的破产，就摧毁了整个市场，原因何在？纽约的股票经纪人们后来意识到，这与无序的场外交易有关。在杜尔那个年代，美国没有股票交易所，也没有所谓的"证券从业资格认证"，任何人只要愿意，都可以成为股票经纪人。这就带来了严重的问题：没有交易所，没有报价牌，股票价格完全由买卖双方相互商定，这是场外交易的特色。但"讨价还价"，也总得有个参考价吧？这个时候，普通的股票交易者往往会参考"权威"。杜尔买这只股票的时候出什么价，那我们也在这个价位上谈。而在场外交易中，主力起到了价格标杆的作用。当然，这也为其操纵股票价格大开方便之门。

谁能保证经纪人的信用？

股票经纪人其实发挥着两个作用：一是作为交易"中介"，找到股票的买家和卖家并撮合成交；二是提供市场信息，最重要的是市价——买卖双方需要知道一个"价格区间"。例如，经纪人可能会告诉你，前一笔交易杜尔出了多少钱，所以你至少应该出多少钱；这只股票最近几日的成交量、换手率大概是多少，等等。由于经纪人同时扮演着"中介"和"看盘软件"的双重角色，为了撮合成交，他们存在提供虚假消息的动机。当时美国股市并未建立起一套约束股票经纪人的信用机制，导致股市"黄牛"泛滥，骗了上家骗下家。这些人本来就没什么声誉，他们当然也不在乎名声受损。

杜尔投机所引发的金融混乱，让美国股市一度陷入停滞，民众谈股色变，市场急需一套能够挽回人们信心的股市交易规则。1792年5月17日，24位股票经纪人在华尔街68号的一棵梧桐树下签署了著名的《梧桐树协议》（The Buttonwood Agreement），约定所有股票交易都在他们24个人之间进行，且股票交易佣金不得低于0.25%。24位经纪人全都具有良好的信誉，而且报价放在场内统一进行，再也没人能够在价格上欺骗散户。

最初的场内交易是在位于华尔街和沃特街交界的唐提咖啡屋进行的，这正是纽约证券交易所的前身。1817年3月8日，交易者联盟在《梧桐树协议》的基础上草拟出《纽约证券和交易管理处条例》。1863年，纽约证券和交易管理处正式更名为"纽约证券交易所"。今天，这里已经发展成为全世界知名的股票交易中心。

《梧桐树协议》被认为是美国金融业进行行业自律的开始，它开启了美国证券史上市场自我监管的先河。这套监管系统完全是在市场痛定思痛后自发形成的，与政府没有任何关系。自由市场的魅力就在于它的自我纠偏机制。一个系统一旦发生无序与混乱，会自动出现行业自律，否则该行业就会变得没有人再敢介入，日渐式微，最后消亡。有人认为《梧桐树协议》是在政府的指使下才出台的，其实不然。恰恰相反，一个离不开政府监管的市场，才最没有活力，甚至无法长期存在。当两个人之间的自由买卖必须通过政府批准才能进行的时候，交易成本会大幅增加。政府酷爱监管的根本原因并不是为了保护投资者，而是为了收税。

散户的心理分析

散户既然知道股市是"庄家"的狩猎场，为何还趋之若鹜？按理说，"庄家"以操纵手法赚走了散户的钱，"小散"们应该恨之入骨才对。究其缘由，想必多数股民都患有"斯德哥尔摩综合征"。

"斯德哥尔摩综合征"是一种心理疾病，最早发现于1973年，它是指犯罪的被害者对犯罪者产生情感，甚至反过来帮助犯罪者的一种情结。这种情感造成被害人对加害人产生好感、依赖心，甚至协助其加害他人。

"散户"之于"庄家"，犹如人质之于劫匪。虽说散户是受害者，却钟情于猜测"庄家"意图。有时运气好的话，"庄家"的确会略施小惠，"小散"们则感动得痛哭流涕，而多数时候散户被"庄家"洗劫，遭遇亏损时，则感叹技不如人，还需再接再厉。

明镜止水——"庄家"最怕的招式

人在暗处，我在明处。要想不上当还真需要定力。战胜"庄家"犹如虎口夺食，谈何容易？但如果散户知道"庄家"有什么、怕什么，就算改变不了输钱的结果，至少也能减轻自己的烦愁。

"庄家"拥有几大暗器：

1. **消息先知**。"庄家"永远掌握着上市公司信息的先知权。当"散户"得知同样的消息时，该消息已路人皆知，在股价上早已有所反映。"利好消息"在很多情况下还是反面指标，如超预期的企业财报公布后，股价不涨反跌。原因就是"庄家"比"散户"率先一步知道了公司业绩，已提前买入；待财报公之于众，再借利好卖出。

2. **散布虚假消息**。"庄家"很清楚自己在市场上的地位，而仅仅是利用这种地位，就能轻松实现获利。像杜尔那样，"庄家"的一举一动都会引起"小散"们的极大关注。如果市场盛传某股"庄"家即将准备拉升，那么该股很可能先涨后跌。主力散布这一消息的用意，是为了拉高卖出。这种状况在小盘股上更加常见。

3. **骗线**。"技术派"股民非常迷信各种指标，例如KDJ（随机指示）、MACD（异同移动平均线）之类，"金叉"[1]买入、"死叉"[2]卖出、W底[3]、M头[4]等。可是"庄家"一旦控制了盘面，人为做出一些技术图形又有何难？对这些技术派散户，主力想要卖出，就做一个MACD"金叉"；想要吸筹，就做一个M头⋯⋯"小散"们会发现自己总是被玩弄于股掌之间。

"庄家"最怕的其实只有一件事：散户永远按兵不动。在一个合适的点位拿住股票，然后任凭庄家兴风作浪，始终心如止水，雷打不动，那么庄家就会感到莫名的孤寂，练就一身超凡的操盘本领却苦无用武之地。

当然，选股非常重要。找一只永远不分红的股票玩"明镜止水"和价值投资，只能说是钱多得没处烧了。

1　金叉，主要指股票行情指示的短期线向上穿越长期线的交叉。

2　死叉，行情指标的短期线向下穿越长期线的交叉。

3　W底，双重底也叫"W"底，是指股票的价格在连续二次下跌的低点，大致相同时形成的股价走势图形。

4　M头，双重顶也叫"M"头，是K线图书较为常见的反转形态之一，由两个较为相近的高点构成。

你是在投资，还是在投机?

近两年来，各类拍卖会上的一些艺术品频频以出人意料的天价成交。很多人争论，这到底是在做收藏投资还是在利用泡沫投机？投机和投资的区别究竟在哪儿？

楼市的投资与投机

中国人最钟情买房子，那就先以买房子为例来具体谈谈吧。

假如你花100万元买了一套公寓之后，再也不关心房价的涨跌，只是把公寓租出去，指望着租金给你带来稳定的回报，这种行为就是投资行为。也就是说，你所投资的这一产品，能给你的未来带来稳定、有保障的收益。如果你出租的公寓每年收益为6万元，扣去地税和物业管理费1万元，等于净赚了5万元，每年的投资回报率就是5%。但是，如果你购买了这套公寓后，每年的租金收入只有2万元，再扣去地税和物业管理费，净赚只有1万元，那每年的投资回报率就是1%，比银行定期的利息都低，这显然就是一个亏损的投资。如果明明知道出租带来的收益将比银行的利息还低，但你并不期待租金回报，只希望房价能上涨，等卖出去赚得差价，那这样的购房行为就是投机行为了。

从上面这个例子我们可以清楚地看出，同样是购买房子，可能是投资，也可能是投机。可用国际上通用的租售比（房屋租金/售价）来衡量：租售比低于160就属于投资。不过因为国内还没有征收房地产税，所以这个比例可调高到200——在国内租售比超过200便属于投机了。

顺便提一下，投资房地产有一条原则非常重要，那就是**真正增值的只是土地，而不是房子本身**。也就是说，如果购买了房子后同时又拥有了土地，那么从长远来看是一种投资；而如果你购买的只是房子的使用权，并没有真正拥有土地，在这种情形下，即使你拥有了稳定的租金收入，从金融角度看，对不起，这也只能视为投机行为。

股市的投资与投机

再谈谈股票吧。

比如你买入一只资深蓝筹股[1]，像美国的电力公司，每个季度都分红，多年来其股息分红稳定在每年5%上下；如果你对这只股票的价格涨跌毫不关心，只在乎它能带给你固定的股息分红，那就是投资行为；而你买入一只高科技股后，这个公司还没开始盈利，可能有盈利的前景，你只是寄希望于其股价上涨，通过低买高卖而获利，那显然就是投机行为了。

对于大市的投入，也很容易区分投资和投机。例如，在2007年上半年，那时固定收益债券的收益率一般在6%~8%，而同期的股票分红率只有

1　蓝筹股：指长期稳定增长的、大型的、传统工业股及金融股。

2%~4%，如果你买固定收益债券就叫投资行为，而买股票就叫投机行为。因为按市场规律，这时股市应该下跌了。实际上，那时如果你那样做了，在2008年的金融海啸中则会毫发无损。同理，在2009年年初，股票的普遍分红率升至7%~9%，而因为超低利率的关系，固定收益债券的收益率跌至1%~3%，这个时候，你如果购买股票，那就叫投资行为，而购买债券反倒成了投机行为了。

据我所知，国内的股市风云20多年间，流通股（散户所持有的）几乎没有什么真正的分红，这样的股市鼓励散户做快进快出的投机者。因为在这样的"游戏"里，就像打麻将一般，甲赚到的钱，必然是乙输掉的钱，并非是来自上市公司的利润分红。因此，股市每次猛涨之后就必然惨跌；更由于信息不对称，持股的成本不同，赚钱的往往都是机构和大户，散户基本上就只能"十个炒股九个亏，一个勉强打平手"。

多投资、少投机才是理财之道

再举个例子。前两年，普洱茶收藏非常火热，仅珠三角地区就有近20万收藏者，各款不同的普洱茶珍藏版层出不穷，据说老茶饼动辄拍出人民币数万乃至数十万元。由此我又联想到东南亚富人爱收藏的法国红酒——拉菲·罗斯柴尔德（Chateau Lafite Rothschild）。

有人说拉菲红酒既能当极品来品尝，又可以当作最安全和利润最高的投资产品，真的如此吗？那么，不妨让我们来认识一下拉菲这一高级红酒的来历。拉菲（Lafite）的名字来自加斯科术语，有小山丘（la hit）的意思。拉菲红酒产自法国梅多克（Medoc）最大的葡萄园，种植面积超过100公顷，每年约产35000箱红酒，其中15000~25000箱为一级葡萄酒（Chateau Lafite Rothschild），是由30~80年间的葡萄藤所结的葡萄酿造，其余为二级葡萄酒——佳德士拉菲（Carruades de Lafite）。

拉菲红酒历史悠久，最初由塞古尔（Jacques de Segur）家族种植于1680年，发展到18世纪初获得"国王之葡萄酒"的美誉。美国第三任总统杰斐逊的档案披露了杰斐逊经常为乔治·华盛顿购买拉菲红酒，且历来价格不菲。当年杰斐逊拥有的产于1787年的拉菲红酒，被创纪录地拍卖到一瓶156000美元的高价。

随着法国大革命的到来，塞古尔家族的财产在1794年7月被充公，从而结束了对拉菲酒庄的拥有权。然而3年后，拉菲酒庄被荷兰财团买走了。之后几经易手，到了1868年，酒庄被詹姆斯·罗斯柴尔德男爵以440万法郎购得，男爵便在拉菲后面冠以家族之姓——罗斯柴尔德。

跨越了悠悠岁月，20世纪顶级的拉菲红酒的年份分别是1945年、1959年、1961年、1982年、1985年、1990年、1995年、1996年、1998年、2000年、2003年和2005年。如果你现在想买一瓶1945年的拉菲红酒，需花费约4600美元，1982年的就需花费5000美元，而1990年的则只需941美元。

拉菲红酒自2008年投放市场的6个月里，价格在全球被推高了125%。不过，中国富人购买拉菲红酒大多不作收藏，因为收藏一级红酒的过程相当复杂，牵涉到不同的季节，不同的温度、湿度和放酒的角度等，需要专业人士管理。中国富人喜爱高级红酒，主要出于商业运作的需要，商业伙伴间一杯昂贵的好酒下肚，就什么都好说了。

然而，假如极品红酒的收藏工艺不那么复杂，购买红酒作为投资的中国人一定大有人在。想想看，一瓶1787年的拉菲红酒，能被拍卖到156000美元的高价，谁能大胆地说它不是增值的投资产品？但是别忘了，拉菲红酒本身不会带来固定收益，只有等到下一个买家接手才会实现增值。

不信看看2007年一度天价的红木家具。在中国—东盟博览会上，曾经展出过一套价格为8000万元的老挝红酸枝家具，可最近同样在中国—东盟博览会的会场，同样的家具标价跌至人民币19万元。没有买家愿意支付8000万元，它就不再值8000万元，它价值多少在于下一个买家愿意支付多少。

另外，像古玩、名画、钻石和邮票这类商品也一样，本身不会带来任何固定收益，要想获取收益就只能期望以更高的价格卖出，这些都符合投机的基本定义。为什么我们反复说多投资、少投机甚至不投机才是最佳的理财之道呢？从上面各例中可以清楚地看到，**投资注重收入，是可控的；而投机是不可控的，它和赌徒的行为本质是一样的。**由于信息极其不对称，就像赌徒总是输给赌场那样，"散户"多半要输给"庄家"的。

这些道理说起来很简单，但真正做起来却非常不容易。因为从众心理作祟，人们多半喜欢追高杀低。所以一般大众投机的多，真正投资的人却很少。这也就是普通散户赢少输多的真正原因！

不妨再回到前文那个红酒的例子，其实投资和投机的区别已一目了然。那位拍走了杰斐逊总统收藏的拉菲红酒的有钱人，只有在不想收藏再次拍卖时，有人肯出超过他支付的价钱，才算带来了收益，这属于低买高卖的投机行为。而罗斯柴尔德家族当年花费440万法郎购得的拉菲酒庄，每年产出35000箱红酒，以高额的价格向全球出售，其收益是投资产生的财富，毫无疑问，当属于最有眼光的投资了。

"去杠杆"跟我们有关吗？

新闻案例

我国经济变局中仍将行稳致远

《经济参考报》 2019年1月2日

2018年以来，全球经济总体延续复苏态势，但动能放缓。展望2019年，鉴于贸易保护主义继续抬头、全球流动性渐次趋紧、潜在的新兴市场货币危机以及地缘冲突等风险因素，全球经济大概率弱势增长。对于中国而言，内忧外患之下，我国经济下行压力仍存，预计2019年我国GDP增速将回落，但是，政策空间和市场韧性仍将助力我国经济行稳致远。

回看2018年，我国经济运行稳中有变、变中有忧，外部环境复杂严峻，经济面临下行压力。一方面，数据显示，2018年第三季度GDP当季同比增长6.5%，是2008年金融危机以来的次低水平；2018年12月我国制造业PMI降至49.4%，触及2016年3月以来新低并首度跌至荣枯线下方。另一方面，我国经济仍稳定运行在合理区间，消费基础性作用进一步增强，经济结构不断优化，新经济引擎作用更强。数据显示，截至2018年第三季度，最终消费对经济增长的贡献率走高至78%；2018年4月以来，我国制造业投资增速已经连续8个月反弹；2018年前11个月，我国高技术制造业和装备制造业增加值同比分别快于规模以上工业企业5.5个和2.0个百分点。

中央经济工作会议指出，当前经济运行的问题是前进中的问题，既有短期的也有长期的，既有周期性的也有结构性的。简单来看，就是既有保护主义、单边主义、民粹主义明显抬头所带来的外部扰动，又有调结构、转动能、防风险、去杠杆所致的内部约束。因此，贸易冲突之外，2019年我国经济运行尚有两大制约。

一直以来，我在阅读所有金融书籍的时候，时刻都会提醒自己金融的背后其实就是三个词儿：信用、风控和杠杆。有信用才能玩金融，用杠杆才能够做大，而只有风控到位，才能避免崩盘，或至少拖延崩盘……

中央经济工作会议连续四年提"去杠杆"

2018年3月13日，国务院向全国人大提请审议《国务院机构改革方案》。在金融监管体制改革领域，整合银监会、保监会的职责，组建中国银行保险监督管理委员会，作为国务院直属事业单位；将银监会和保监会拟定银行业、保险业重要法律法规草案和审慎监管基本制度的职责划入中国人民银行，不再保留银监会和保监会。延续了15年之久的"一行三会"格局被打破，中国金融体系监管框架正式进入银保合并的"一行两会"时代。

中国金融体系迎来新阶段：货币政策中性化、去杠杆、资管新规、P2P整顿、金融控股公司监管。与此同时，地方金融办开始变身为"地方金融监管局"，这标志着央地金融监管分工格局取得突破。

一晃眼，2008年次贷危机已过去了10余年。当时的华尔街第五大投行贝尔斯登一朝覆亡，引发了全世界的金融灾难。但无论是贝尔斯登灭亡，还是金融灾难，都不能单凭2008年3月的事件来解释。实际上，贝尔斯登的问题深藏在其独特的企业文化中，而这文化是几十年来形成的，其核心就是杠杆。

杠杆的本意就是以小博大、四两拨千斤，所以在经济领域，杠杆就是指小资金撬动大项目。而经济去杠杆，简单说就是消除这些以小博大的资金，表现为降低企业负债率、减少金融产品嵌套、减少违规信贷等。金融杠杆可以把回报放大，同样也可以把亏损放大。而去杠杆就是减少金融杠杆，就像戒毒瘾一般，极其痛苦。从国际经验来看，杠杆率变动是一个长周期变量，一般去杠杆需要10年左右的时间。

我国召开的中央经济工作会议提出：要坚持结构性去杠杆的基本思路，防范金融市场异常波动和共振。

我注意到，这已是连续第四年的中央经济工作会议提到"去杠杆"。2015年中央经济工作会议提出：在适度扩大总需求的同时，去产能、去库存、去杠杆、降成本、补短板。2016年、2017年中央经济工作会议也提出了要继续抓好"三去一降一补"。

经过这几年的"忍痛割爱"，当前我国经济总体杠杆水平有所下降，但不同领域杠杆水平不一。所以，这次中央经济工作会议提出"结构性去杠杆"，首先是稳杠杆，然后适当地去杠杆，使杠杆率达到一个比较合适的水平。

决策层连续4年都将去杠杆作为经济治理的头等任务之一，那么作为普通投资者、消费者，我们对金融杠杆是否有足够的认识呢？

金融杠杆的两面性

《轰然倒下的金融巨头：贝尔斯登的崛起与覆灭》一书多次谈到了华尔街投行的杠杆："⋯⋯投行资产负债表上被允许的杠杆水平要远远高于商业银行。例如，杠杆的测量标准之一是资产和权益资本的比率；在投行内部，一个季度的中间阶段，杠杆往往会接近50∶1的高比率。"

这个接近50∶1的高比率是什么概念？拿中国百姓最热衷的买房子来对标，就等于买一套1000万元的房子，只要20万元的首付即可。只要房价涨10%（从1000万元涨到1100万元），就等于获得500%的利润！

然而，一旦房价跌去10%（从1000万元跌到900万元），非但之前的20万元血本无归，还将欠下80万元（注：这儿的计算除去了银行贷款的利息、手续费，买房的各种税项、过户费、律师费等）。

实际上，过去20多年来，正是以房地产业为主的周期性信贷驱动，即高杠杆的高负债与高成长带来了中国经济的繁荣。

这样的场景也曾在20世纪50年代到80年代的日本和韩国出现过，它们的共同点就犹如次贷危机爆发之前的美国，似乎只要房价不断上涨，那么所有直接或间接相关的资产的收益也将迅猛增长，而负债规模即使再扩大，也不会引起足够的警示。

当时，美国、日本和韩国的许多企业开发的与房地产相关的金融衍生品，还被国际信用评级机构给予了很高的信用评级。比如，在次贷危机发生之前，CDS（信用违约互换）、MBS（抵押支持债券）、CDO（担保债务凭证）等在证券化的过程中不断被华丽包装，这类新发行的证券竟能获得AAA级的最高信用评级！

但是，正因为超高的杠杆率，产生了债务危机，而债务危机的本质就是对信用的透支，流动性风险一旦触发，信用说崩就崩，正如《纸牌屋：华尔街傲慢与放纵的惨史》中所描写的："贝尔斯登早上还有180亿美元余额，晚上只剩下了20亿美元……与此同时，对冲基金客户正在'着火的剧院'中彼此践踏，拼命寻找出口，夺路而逃……"

如果说10年前贝尔斯登的故事对国内投资者来说太过遥远，那我再举个例子，还记得2015年的股灾吗？那次股灾最主要的原因之一就是杠杆问题，即大量资金通过杠杆进入股市，造成股市疯狂上涨，泡沫泛滥。面对此景，管理层被迫采取措施遏制杠杆炒股，打击恶意炒作。随着杠杆资金撤退，特别是转道到股市的银行资金全面撤离，股市快速下跌，最终形成恐慌性暴跌，酿成股灾。

总之，金融杠杆是一把双刃剑，温和、适度的杠杆可以提升经济活力，而一旦使用过度，它就是一枚定时炸弹！而对个人投资和消费而言，我一再强调要慎用杠杆，尤其在当下经济形势不好的时候，出来混，总是要还的。

金融创新是把"双刃剑"

新闻案例

"爆雷潮"之后，P2P行业将走向何方？

《新华社》 2018年7月6日

今年6月以来，国内多家P2P平台接连"爆雷"。据网贷之家数据，6月停业及问题平台数量为80家，其中问题平台63家，停业平台17家。

业内专家认为，此轮"爆雷潮"在业内早有相应预期。国内某知名互联网金融平台负责人告诉记者，去年年底有关部门发布的《关于做好P2P网络借贷风险专项整治整改验收工作的通知》中明确提出，在今年6月末前完成P2P行业的合规性备案。但一些问题平台在对照相应整改方案后，自知在合规性上"无法达到预期目标"，因此选择清盘退出。

平台自融、发放假标劣标、缺乏自主造血能力……在已经"触雷"的平台中，几乎都能找到相似原因。一些平台缺乏可靠的"发标项目"，就将投资者资金和自身关联公司相匹配，让投资者承担经营投资"双风险"；一些平台尚未建立自主信用审核体系，对于借款人还款能力把关不严，致使延期兑付情况严重；一些平台借"0元购"概念大搞网络传销，长期将短期借款资金与长期投资资产错配，甚至垒起"借新还旧"的庞氏骗局……

2018年成为P2P大溃败的一年。由于过去几年的野蛮生长和"劣币驱逐良币"，P2P在监管压力之下显著退潮，"爆雷"、倒闭、跑路频发。

"自从跟网贷大佬们学会了分散投资——鸡蛋不要装在一个篮子里，聪明的我把资金分散放到了10多个平台。结果，现在所有维权群里都能看到我的身影。"这是当前P2P"爆雷潮"下的一则段子，却真切地反映出了投资者的痛。

整个互联网金融领域2018年"雷声"隆隆：唐小僧、联璧金融、牛板金、投融家、钱爸爸、银票网、永利宝、爱投资、银豆网……一大批平台都

"爆雷"了。

国家互联网金融风险分析技术平台数据显示，截至2018年6月30日，我国在运营的P2P网贷平台共2835家，其中，2018年上半年新增36家、消亡721家。从数据来看，2018年上半年新增平台数量只有2017年下半年的30%，但有20%的平台已经消亡，而且消亡名单还在不断增加中。

P2P还值得投资吗？

早在2014年P2P刚盛行的时候，我就旗帜鲜明地撰文指出，金融创新是把"双刃剑"，互联网金融必须纳入有效监管。缺乏严格监管和追逐高回报率，是P2P等互联网金融平台存在高风险的隐忧所在。P2P与其说是利用互联网，倒不如说是钻了监管规则的空子。如果对金融创新缺乏监管，就好比放虎归山，将衍生一系列兑付危机。

早在20世纪90年代末期，美国就出现了以贝宝（PayPal）为代表的互联网金融产品，但从贝宝20年的沉浮不难看出，互联网金融在与传统金融机构的博弈中，并没有占到多大的优势，包括在小额贷款、网上银行领域、信用卡支付以及个人理财等方面。因此，P2P等互联网金融平台想在中国银行和金融机构的高度垄断下存活，只有在高利率的前提之下才有吸引力。而利率飙升，实际上是推高了实体经济的借贷成本，在中国走向利率市场化的今天，P2P的辉煌还能持续多久？

当然，不可否认，P2P网贷有其积极意义。从基础层面来说，投资者有资金配置的需求，个人和企业有借款需求，现有的金融体系无法全部满足，因此网贷有其存在价值。如果能够将其纳入有效的监管之下，可能会提高资金流动的效率，吸收民间闲散资金为企业发展所用。

从监管层面来看，央行等监管机构也没有一棍子打死，而是希望互联网金融规范经营。央行明确表示，将用1～2年的时间完成互联网金融风险专项整治。

我并不赞成大家参与高风险的P2P投资，但如果非要投资的话，请谨守以下几条原则：

第一，"鸡蛋不放在同一个篮子里"，目的是为了防止系统性风险，是让你把资金分散配置在不同的大类资产中，比如分散投资在银行存款、股票、债券、P2P、黄金、房地产等，而非全部投资在股市的不同个股，或者P2P的不同平台中。

第二，不要一味追求高收益，尽量选择经营规范的平台。很多"爆雷"的平台都是以高返利或高利率为诱饵，致使投资人"中雷"。就像银保监会主席郭树清提醒的，"10%以上的收益就要准备损失全部本金"。这不是危言耸听，因为大环境如此，银行5年期定存利率也才3%左右，目前余额宝的7日年化收益率只有2.5%。

第三，不要迷信上市系、国资系、投资大佬的背书。网贷行业发展至今，头戴各种靓丽光环而倒塌的平台不在少数。过去的光环并不能保证未来一定安全可靠，更何况很多光环背后的真实情况如何、有没有虚构或夸大成分，谁说得清？

第四，时刻注意平台的现金流。一旦平台出现投资净现金流出，而且突然加大了发标力度，优惠活动不停且力度加大，那么很可能就是平台的最后一搏了，你一进去就可能成为最后的接棒者。

还有哪些"庞氏骗局"？

在中国，"庞氏骗局"也并非什么新鲜事。从20世纪80年代的"老鼠会"到前几年内蒙古的"万里大造林"，沈阳的"蚁力神"，都是这类骗局的实际运用。"庞氏骗局"一般都具备以下特点：

1. 风险和回报不成比例。

2．拆东墙补西墙的资金腾挪。

3．投资策略不透明，一般都披着"高深""复杂"的外衣。

4．不受任何外部环境的影响，收益极高。

5．投资者呈金字塔结构。

6．其投资项目不产生财富，或产生财富极少、远不足以支付投资回报的财富。

7．必须要求不断增加、扩大新进投资者规模。

还有多少"庞氏骗局"尚未被拆穿呢？那些不愿对外公开具体投资策略、收益率远高于市场的对冲基金，是不是也在暗中神秘地经营着什么呢？

现在，国际金融市场仍有不少与麦道夫[1]的玩意儿"长得很像"、却又享有盛誉的基金，例如华尔街有位叫詹姆斯·西蒙斯的对冲基金经理，被誉为"全世界最杰出的数学家、美国著名投资家和慈善家"。他所拥有的文艺复兴科技公司（Renaissance Technologies），近年来被媒体广为宣传报道。以下是一些和西蒙斯有关的数字：

"1988年以来，西蒙斯掌管的大奖章（Medallion）对冲基金年均回报率高达34%，这个数字较索罗斯等投资大师同期的年均回报率要高出10个百分点，较同期标准普尔500指数的年均回报率则高出20多个百分点；从2002年年底至2005年年底，规模为50亿美元的大奖章基金已经为投资者支付了60多亿美元的回报。即使在2007年次债危机爆发当年，该基金年均回报率都高达85%。"

西蒙斯也因此被誉为"最赚钱的基金经理""最聪明的亿万富翁"。不过他究竟是如何赚钱的，所有人都不得而知。西蒙斯是杰出的数学家，曾经和华裔科学家陈省身共同创立了著名的Chern-Simons定律，也曾经获得过全美数学界的最高荣誉。据说他的赚钱秘诀，就是运用数学建模的方法捕捉金融市场稍纵即逝的短线交易机会。这话听起来非常耳熟，不是吗？查尔

1　麦道夫骗局：美国伯纳德·麦道夫以高额资金回报为诱饵，吸引大量投资者不断投资，以新获得的收入偿付之前的投资利息，形成资金流，是美国历史上"庞氏骗局"的代表。

斯·庞兹也曾经告诉民众："IRC（国际回信券）邮票套利是包赚不赔的生意。"全美顶尖的数学家不计其数，为何单有西蒙斯能运用数学手段创造连巴菲特都自叹不如的利润，而且旱涝保收？数学，难道真的能预测出人的行为吗？

对冲基金行业一直拥有"黑箱作业"式的投资模式，可以不必向投资者披露交易细节。而在一流的对冲基金投资人之中，西蒙斯先生的那只箱子据说是"最黑的"。

就连知名的数量型对冲基金经理也无法弄清西蒙斯的模型究竟动用了哪些指标，"我们信任他，相信他能够在股市的惊涛骇浪中游刃有余，因此也就不再去想电脑都会干些什么之类的问题"，一位大奖章基金的长期投资者说。当这位投资者开始描述西蒙斯的投资方法时，他坦承，自己完全是猜测的。

不过，每当有人暗示西蒙斯的基金缺乏透明度时，他总是会无可奈何地耸耸肩："其实所有人都有一个黑箱，我们把它称为大脑。"西蒙斯指出，公司的投资方法并不神秘，很多时候都是可以通过特定的方式来解决的。当然，他不得不补充说："对我们来说，这其实不太神秘。"

谁知道呢？或许某一天，世界再次爆出一场更大规模的"庞氏骗局"，而众人昔日仰慕的天才，一夜之间便为千夫所指。

庞兹永远后继有人。

当心过度金融化

新闻案例

让疯狂的片酬回归理性

《人民日报》　2018年8月23日

近日，"天价片酬"再度成为舆论热点。继中宣部、文化和旅游部、国家税务总局、国家广播电视总局、国家电影局等部门联合印发《通知》，要求加强对影视行业天价片酬、"阴阳合同"、偷逃税等问题的治理之后，爱奇艺等三家视频网站联合正午阳光等六大影视制作公司，共同发表了《关于抑制不合理片酬，抵制行业不正之风的联合声明》，首都广播电视节目制作业协会、横店影视产业协会、中国电影导演协会等行业组织也纷纷发表相关声明，倡议加强行业自律、规范行业秩序，营造良好的影视文化创作氛围。

过去几年，不少影视明星的天价片酬、"阴阳合同"、偷税漏税等不良现象，受到社会各界的持续关注。上一轮引发舆论热议的焦点，就是某电视剧两名主演的片酬高达1亿多元人民币。影视明星的片酬达到电影、电视剧、电视综艺、网络视听节目等成本预算的三分之二以上，一度成为影视行业的潜规则。过高的片酬，使得剧本、拍摄、制作等本应是影视制作链条更重要环节的投入被大幅缩减，使得电影、电视剧、电视综艺、网络视听节目更为严重地依赖大牌影视明星和金融资本介入，进一步挤压大量中小成本电影、电视剧、电视综艺、网络视听节目和三、四线及未成名演员的生存空间和话语权，导致文化娱乐工业生产要素供给的紊乱和失衡，折射出不平衡的供需关系，破坏了影视业可持续发展的健康肌体。

不仅如此，由于票房、收视率、点击量还直接影响着影视制作公司、电视台、视频网站以及电影、电视剧、电视综艺、网络视听节目的广告招商等经济利益，天价片酬所带来的"压力传导"，还会进一步引向票房、收视率、点击量造假。近几年这方面的教训并不鲜见。而在电影领域，前些年不断高涨的票房神话吸引了大量"热钱"涌入，有的影片某种程度上成为金融衍生品，从前期筹备、拍摄到后期制作、宣发都可以被打造成金融产品进行融资、信贷。在极端情况下，影片甚至尚未面世就已经提前收回成本。而另一方面，相关版权和衍生品等领域还很不规范，全面有效的监管机制和权益保障体系也尚未建立起来，影视产品的过度金融化潜藏着巨大危机。

2011年6月1日，雷曼兄弟公司公布了一项与交易对手针对尚未完成金融衍生品交易产品的广泛和解协议。公司表示，和解协议一旦达成，将会帮助雷曼兄弟公司加速了结这桩有史以来规模最大、最复杂的破产案。

有超过30家金融机构对雷曼兄弟公司及其下属部门提出了220亿美元金融衍生品交易索赔请求。为帮助消除部分索赔，在和解框架中，雷曼兄弟公司提议与13家较大的金融衍生品交易对手达成相关协议。

对冲基金最可怕

什么叫金融衍生品呢？金融衍生品是指其价值依赖于基础资产价值变动的合约，如期货、期权等，只要付一定比例的保证金就可以进行全额交易，具有杠杆效应，且保证金越低，杠杆效应越大，风险也就越大。

华尔街有一种说法：富人买固定收益的产品，穷人才会去炒股。因为股票是高风险的东西，富人已经有足够的钱，需要的是保值。其实不然，我们常听闻的玩金融衍生品的对冲基金，都是富人在投，但都是交给专业人士操作。

和普通基金不一样，对冲基金最早的时候开户最少要100万美元。玩对冲基金的基本上都是金融大鳄，像索罗斯的老虎基金、量子基金，都是对冲基金的代表。

金融大鳄的胜算很大，因为他们在金字塔的塔尖，总是先入市，想买什么东西就会通过新闻媒体炒作，先把它唱衰。比如2005年，国外的对冲基金管理者看中了中国的房地产，他们经过分析以后觉得中国房地产有一波涨势，于是通过海内外媒体开始唱衰中国楼市，而大量的对冲基金就在这时进来了，摩根士丹利同时有三四只对冲基金共四五百亿元的钱流进中国房地产；高盛也有几只对冲基金，大概两三百亿元的金额在中国圈地买房。等到中国房地产升到高位的时候，他们就撤出。据我所知，摩根士丹利仅两只基金就赚了1300多个亿，把中国人民1300多亿元人民币"哗"一下就吸过去了。

20世纪80年代起，美国政府逐渐放松金融监管，不仅放宽了对对冲基金参与者的限制，也不断降低对冲基金的进入门槛，使对冲基金获得了完全的解放。对冲基金玩的金融衍生品，本质是由金融专才仅针对富有人群和专业机构私下募资的小众金融产品。为达成持续绝对的回报目标，其交易手段和资产配置无所不用其极。

富人投资这些对冲基金，100万美元进去，很容易收获两三百万美元出来。对冲基金是华尔街最可怕的东西，到处兴风作浪。对于华尔街推销的金融产品，越复杂、听上去越光怪陆离的东西，你越不要去玩，特别是那种衍生证券、期权期货，离它本品越远的东西越不要去玩，因为离它的本品越远，杠杆越大，杠杆越大，风险就越大。

华尔街是饿狼的丛林，自己功夫没练好就贸然进入丛林，你就是等着被吞食的羔羊。

华尔街为什么做金融衍生品？

华尔街为什么要做金融衍生品，其金融创新的目的是什么呢？

在华尔街内部，每次金融创新都会获得很大的利润，因此，金融创新衍生化的趋势越来越厉害。然而，一衍生化就有杠杆，一有杠杆就可以把泡沫吹大，吹大以后它就可以剪羊毛。这次次贷危机就是金融创新闯的祸。就好似"穷算命，富烧香"，穷人炒股，越炒越穷，富人玩衍生品，越玩越富。2003年曾说金融衍生品是"大规模杀伤性武器"的巴菲特表面上坚决反对衍生品，一再警告大家要敬而远之，可讽刺的是，随后几年他的伯克希尔·哈撒韦公司却成为了衍生产品最大的玩家之一，公司天文数字般的金钱都下注在衍生证券上。

哪儿有赚钱的机会，哪儿就有华尔街的身影。广受欢迎的《阿凡达》票房突破25亿，投资却只有四五个亿，足足赚了5倍。华尔街看到电影票房是个很好的投赌产品，就又开始做金融创新了，弄了个叫电影票房的期货。美国商品期货交易委员会（CFTC）都批准它上市了，但其东家康托期货交易所（Cantor）易主动放弃，主要是迫于反对者——美国电影协会（MPAA）对国会施加的压力。

华尔街有一句名言：不管是我姥姥还是我奶奶，只要能够打扮成一个18岁的漂亮大姑娘，我照样可以把她卖了。这就叫金融创新——只要有钱赚，什么都可以"创新"。

金融创新有利有弊。利的方面是能够形成对冲以避险；弊的方面，是容易形成泡沫，扩大风险。你把满脸皱纹的老奶奶打扮成一个18岁的大姑娘，然后推销给全世界。大家买了以后，等她一卸妆，又回到80岁老奶奶的状态，这就是泡沫的破灭。当80岁老奶奶现形的时候，普通散户的钱就没了，全跑到投行的袋子里去了。所以，金融创新说白了就是华尔街掠夺财富的工具。

众所周知，华尔街的奖金简直高得没法想象，金融创新就是其一大"帮凶"。投行高盛的两三万名员工，每年的奖金高达一两百亿美元。麦当劳虽是全球前50大的公司，其150多万名员工每年税后的奖金才不过四五十亿美元。当然，不是每个华尔街员工都能分到几十万美元，其中只有1%~2%的人，每年的奖金可以达到几百万、几千万，甚至上亿美元。华尔街本身不创造一分钱的财富，对财富进行重新分配是华尔街最大的作用。

在金融危机中失业和破产的老百姓太多了。在美国，过去你跟别人说"我是在华尔街工作的"，人家会很崇拜你；现在一听你在华尔街做事，人家可能要揍你。雷曼兄弟原来的CEO有一次进健身房，刚进去就挨了一拳头。美国国际集团（AIG）的那些高管们因为担心生命安全，都请保镖了。

其实，华尔街公司玩金融衍生品就是变相的"庞氏骗局"，大家把钱都给它，由它来做。赚的时候大家都能分钱，一旦没有后续的钱进来，这个窟窿没法填了，就破了。

以此类推，整个美国都在玩"庞氏骗局"。美国债务总额已接近70万亿美元，单联邦债务就超过了22万亿美元，早就超过了美国的国内生产总值（GDP）（2018年美国GDP为20万亿美元左右）！而希腊债务只不过是GDP的80%多都要宣布破产了，以此论美国早该破产好几回了。那美国为什么还不破产？因为只要后面有钱进来，"庞氏骗局"就能玩下去。

美国有它国际上的特殊地位，美元有它的特殊性，所以美国这个最大的"庞氏骗局"还没有破。现在全球就像一艘泰坦尼克号，美国在最上面的头等舱，是VIP。泰坦尼克号要是沉下去的话，美国将是最后一个被淹没的。

金融改革有用吗？

金融危机后，美国政府通过了新的金融改革法案。当时，奥巴马称赞新法案"意在加强对消费者的保护，使金融产品更透明，对投资产品加以严厉监管，并限制了投机性投资，是有史以来最强大的对消费者的财务进行保护的法案。"

但仔细一看，在洋洋洒洒的新法案中，关键部分与原先的草案相比，大大削弱了改革的力度。比如对华尔街今后金融创新产品的监督，特别是对这次金融危机的根源——金融衍生证券基本没限制。举例来说，新法案对农业和航空业的衍生产品，以其交易能够抵御市场风险为由，完全不受任何监管。想想也是，金融衍生产品是华尔街创高利的"命根子"，华尔街怎么可能让白宫"阉割"？

20多年前，我刚进华尔街，在银行家信托工作时，上司就告诉我，在这儿上班永远是最兴奋的，因为所做的项目永远是全新的。也就是在那儿，我了解了什么是衍生证券，明白了什么是掩护性买权（covered call）和裸卖看空期权（naked put），什么是利率上下限期权（collar）和跨式交易（straddle），还有铁鹰套利（iron condor）、宽跨式交易（strangle）、蝶式套利（butterfly）等。正是通过对证券这样反串、那样对冲等实际操作手段，并以好听的名称包装起来出售，华尔街赚到了丰厚的利润。

渐渐地，我感到迷茫：这样包装证券究竟有什么用？除了给华尔街带来利润，它们能创造真正的财富吗？一天，我向上司提出了这个问题，他说："Good but silly question（问得好，不过是个傻问题）。不明白吗？这样包装金融创新产品，是为了能让风险得到更有效的管理呀。"

这个回答很牵强，因为随后而来的几次大小金融海啸都恰恰是由衍生证券而起。华尔街投行就是用各种创新的衍生证券，把风险漂亮地包装起来，使之变成美丽的罂粟，就像掺了三聚氰胺的奶粉；通过高杠杆率，使纸面上的利润一时间可以倍增，高盛、摩根士丹利等华尔街投行由此保持了难以想象的高利润。可是一朝不慎，满盘皆输，有时玩失手了，反过来也使得美国国际集团（AIG）、贝尔斯登、美林和雷曼兄弟遭遇滑铁卢。

金融创新是如何帮助其发明者赚钱的？看一个实例，你就全明白了。20世纪90年代初，摩根士丹利发明了一款金融创新产品——PLUS（Peso Linked

U.S.Dollar Secured Notes），它是专为墨西哥国民银行设计的新债券。从投资者的角度看，它以美元为面值，而且被标准普尔评为AA－级，似乎品质很好，但实际上新债券是墨西哥比索债券，它赌比索贬值不会超过20%。为了逃避监管，摩根士丹利在逃税天堂百慕大注册了债券发行公司，面向不同类别的投资人推销PLUS。结果，当1994年爆发墨西哥比索危机时，不明真相的投资者包括美林资产管理公司、美国家庭人寿保险公司、日本阪和公司及欧洲阿尔卑斯公司通通大亏特亏，因为比索兑美元在3个星期内贬值了40%。当PLUS在市场上豪赌时，人们被高回报和高信用级别蒙住了双眼，等一觉醒来发现真相已为时已晚，再怒火中烧也于事无补。而摩根士丹利衍生证券部呢，自然在PLUS票据上狠狠掠劫了一票。

第二章

专家的话，到底听不听？

本章我们的话题是"专家的话，怎么听"。阅读本章的时候，请思考以下问题：

　　为什么股神巴菲特一再警告大众金融衍生品是"大规模杀伤性武器"，但他的伯克希尔·哈撒韦公司却是衍生品最大的玩家之一？

　　为什么高盛公司常常言行相悖，一边唱多一边做空？高盛对外发布的研究报告和背后市场操作之间有着怎样微妙的关系？

　　今天这个炒股专家让你买某只股票，明天另一个市场高手教你如何发财，你到底该听谁的？

　　把赚钱作为主要目的的评级机构，到底有多少可信度？

　　为什么市场上充斥着各种各样的消息？为什么有人热衷于放风，他们是在做活雷锋帮你共同致富吗？

　　为什么即使在经济太平盛世、股市一片欢腾的时候，也总有几个讨厌的家伙喜欢泼大家冷水，他们是故意讨骂吗？

资本圈的"岳不群"——神话背后的巴菲特

新闻案例

苹果股价盘后暴跌7%：巴菲特损失28亿美元

新浪科技　2019年1月3日

北京时间1月3日上午消息，由于苹果股价在周三盘后交易中暴跌逾7%，沃伦·巴菲特（Warren Buffett）旗下的伯克希尔·哈撒韦公司可能会在周四遭受大约28亿美元的巨额损失。

根据FactSet的数据，伯克希尔·哈撒韦持有2.525亿股苹果股票，该股周三收盘价为每股157.92美元。截至当天收盘时，巴菲特的苹果股票市值约为398.7亿美元。

苹果CEO蒂姆·库克（Tim Cook）在致投资者的一封信中宣布，由于iPhone营收不及预期等一系列因素，该公司将下调第一季度财报预期。随后，苹果股价在盘后交易中大幅下挫。

在苹果发布声明后，其股价在盘后交易中下跌约7%，每股下跌约10美元。截至当地时间下午5点20分，这家科技巨头的股票盘后交易价格接近147美元。

这一跌幅导致伯克希尔·哈撒韦持有的苹果股票市值跌至371亿美元左右，一夜之间可能出现27.7亿美元的损失。

尽管巴菲特通常不喜欢科技股，但他还是在2017年2月首次宣布伯克希尔·哈撒韦购买苹果股票。苹果股价比去年同期下跌了15%以上。但伯克希尔·哈撒韦的其他主要持仓同样表现不佳。

在金融领域，美国银行占伯克希尔·哈撒韦投资组合的11%，该股较去年同期下跌17%。富国银行则下跌23%。这两家公司在伯克希尔·哈撒韦的持仓中仅次于苹果。

与此同时，占投资组合1.9%的摩根大通也同比下跌约8%。第四大持仓可口可乐占投资组合的10%，该股在过去12个月中上涨了3%。而美国运通则下跌了3%。

众所周知，巴菲特很少投资高科技、互联网公司，之前，他在高科技大公司方面只投资了IBM，后来放弃了，认亏退出。

不过近年来，他开始不断投资苹果公司，好些投资者认为这和巴菲特的投资理念相违背。

其实不然。巴菲特之所以很少投资高科技、互联网公司，只有一个原因，就是坚守他的投资原则：不懂不投资！

而投资苹果公司完全符合他的投资原则：投资高效的公司，投资运营简单、拥有长期战略、好业务超过好管理的公司。而苹果公司目前两者兼而有之，还有一点，巴菲特倾向投资美国公司。

巴菲特开始投资苹果公司时，苹果公司已经成熟了，巨大的成长潜力明显可见。因此巴菲特买入并持有，并且不断地加码增持太正常了。

每年春天，在"股神"沃伦·巴菲特的旗舰公司伯克希尔·哈撒韦公司一年一度的股东大会上，都会挤满几万名来自世界各地的忠实信徒。他们竖起耳朵渴望在股神的发言中捕捉到发财的真经。

巴菲特的盛名在20世纪90年代初达到了登峰造极的境界，他被认为是世界上最成功的投资者之一。人们将1930年出生在美国奥马哈的巴菲特称为"奥马哈先知"，2008年他超越当时的微软公司总裁比尔·盖茨成为世界首富。巴菲特所坚持的价值投资理念被媒体广为传颂，无数"散户"视他为偶像，对他的一言一行顶礼膜拜。

巴菲特也曾是我的偶像。记得1994年毕业后，我在华尔街找工作。一次面谈接近尾声的时候，面试官和我闲聊："谁是你的偶像？"我脱口而出："沃伦·巴菲特。"没想到，这位未来的上司一脸讪笑，反问我："你确定？"我斩钉截铁地答道："我肯定！"他看看我，诡异地笑着说："但愿吧。"

当时我并不明白那位上司的反应，在工作了数10年、终于看清了华尔街的游戏规则之后，我才彻底理解他当年对我回答的质疑。如果把当下的华尔街比作江湖，巴菲特和索罗斯便是其中玩得最转的"武林大师"。一位好似道貌岸然、声东击西的"君子剑"岳不群，另一位则像极了一诺千金、指哪儿打哪儿的"采花大盗"田伯光。尽管两者都武艺超群、手段高明，但风格截然不同。

这两位大师就像资本江湖的"东邪西毒"。不过，在大众眼里，真性情的投机大鳄索罗斯是"资本市场大坏蛋"，而慈眉善目的股神巴菲特则是具有道德准则的"谦谦君子"。

但是，这世上真的有"股神"吗？巴菲特果真如此"正点"？

那中国"散户"的35亿美元是怎么被掠走的？

巴菲特有一句名言："我们喜好的持有期就是永远（Our favorite holding period is forever）。"换个大家熟悉的说法，也就是他那众所周知的投资策略——买入并长期持有（buy and hold）。

可巴菲特的言行并不一致，他出尔反尔、声东击西、指南打北，说的和做的完全不是一回事，真可谓"兵不厌诈"。

举例来说。1957~1969年这12年间，巴菲特管理着一只对冲基金，他的个人资产从10万美元增长到了2600万美元，这是他财富成倍增长最快的时期。那时他交易活跃，甚至还玩套利交易，与"买入并长期持有"毫不相干。或许有人会为他辩解，那是他的原始积累，赚第一桶金必须这样。

然而纵观巴菲特超过半个世纪的投资生涯，他真正长线并重仓持有的股票总共才7只，绝对不超过他全部资金（最多时）的20%，最低时甚至连10%

都不到。更何况他还是那7家公司的大股东，可以说是拥有这几家公司，而按监管规定，其所持股是不能随便抛售的。因此，股神的"长期持有"不足为奇。

更讽刺的是，巴菲特一再警告大众金融衍生品是大规模杀伤性武器，他是坚决反对投资金融衍生品的。可事实上，他的伯克希尔·哈撒韦公司是衍生品最大的玩家之一，目前依然持有600多亿美元的衍生产品合约！

再看一个和中国有关的例子。一贯坚称"只买不抛"的股神，2003年首次购得价值5亿美元的中石油股票。消息一经公布，便有成千上万股神的追随者相继跟进，他们紧攥中石油的股票死也不抛。资本江湖的弟子们太迷信投资大师的策略了，以为只要跟着"师傅"，自己的"武艺"一定会精进，更以为只要握紧"股神"选中的股票，就等于吃了定心丸。

"股神"果然不负众望，"苦苦守候"了4年，等他的"信徒"差不多都进场了，便在2007年7月悄悄抛售了最初买进的中石油股票。单单这一笔，"股神"就从中国百姓身上掠走35亿美元。应该说，"股神"所赚的每一分钱，都来自中国股民的巨大亏损，真可谓"一将成名万骨枯"！试问，"谦谦君子"岳不群在得到《辟邪剑谱》（相当于巴菲特的"只买不抛"）的武林秘籍后，会与他的门徒分享吗？

神话背后的内幕交易

2011年春，巴菲特的前得力助手戴维·索科尔（David Sokol）因涉嫌内幕交易，令巴菲特也卷入内幕交易的丑闻中。巴菲特和索科尔都将接受SEC（美国证券交易委员会）的传讯和调查。

索科尔一直被外界视为巴菲特的准接班人。在巴菲特的伯克希尔公司于3月14日以90亿美元的价格购买路博润石油集团有限公司之前，他就先买入其股票。粗略估算，索科尔每股盈利30美元，浮盈近300万美元。

　　我在华尔街做了很久全球金融市场的证券交易监控，深知这类内幕交易只有初学者才会犯。其实，但凡在投行做过的人都知道，投行从业人员甚至其家属，他们所有的证券交易账户只能在自己公司内部开设，而且时刻被监管部门所监控，更不能随便交易与自己公司有业务或将有业务往来的公司证券，在买卖之前必须先向监管部门申报，在获得了事先批准（preclearance）后才可交易股票，否则就是内幕交易，轻则罚款被裁，重则坐牢。而索科尔事先曾向巴菲特主动报告了这些交易，可巴菲特对索科尔这样低级的"内幕交易"不以为然，力挺索科尔，其潜台词是：不必大惊小怪。后来，巴菲特意识到这样做不妥，于是态度180度大转弯，谴责起索科尔来了。

　　其实，好多金融大鳄就是靠做内幕交易才能赚那么多。而巴菲特这条金融大鳄，真的是金融市场最后的"圣人"吗？回首2008年，美国财政部长保尔森一通电话请求巴菲特出手救助高盛公司，并向他讲明政府会出手救美国国际集团（AIG）。当时救助雷曼兄弟公司只需10亿美元，救高盛公司需要50亿美元，他为何不救雷曼兄弟公司而救高盛公司？答案再明显不过了，政府救活了AIG，高盛公司自然就喘过气来了。这不是内幕交易是什么？这对普通投资者公平吗？

　　也许你到处都能读到关于巴菲特平民出身、白手起家、节俭持家的事迹，但你知道他的父亲曾是美国参议院议员和国会金融委员会成员吗？你知道他曾在加利福尼亚州拉古纳海滩豪掷400万美元买超豪华别墅吗？你知道他在1989年就购买价值1000万美元的私人飞机了吗？也许你认为花自己赚的钱无可厚非，但你该开始学会质疑，更要学会立体地看一个人，学会在听名人发言的时候多问一个"为什么"。

　　说穿了，金融市场从来就没有圣人，更没有神仙。资本一进入市场就带着原罪，每一分钱都渗透着血和泪。老谋深算如巴菲特，这次何以在阴沟里翻船？只有一种解释：内幕交易做惯了，他根本就不把索科尔的行为当一回事儿。

这两件事也正应了巴菲特自己的名言："如果你看见厨房里有一只蟑螂，那里面肯定不止一只！"现在，你看清这个猫腻了吗？资本市场的金字塔上方，藏匿着的正是金融大鳄。会真心传授你武林真经的只有你亲爷爷，而巴菲特不是你爷爷……

漫谈巴菲特的投资理念

2018年5月5日，"股神"沃伦·巴菲特的伯克希尔·哈撒韦公司召开第53次股东大会，4万多巴菲特的粉丝从世界各地赶了过去，其中有1/4来自中国。在股东大会上，巴菲特回答了股东、记者和分析师的提问。除了在现场的一万多名中国粉丝，国内更有无数的投资者彻夜未眠，在网络上观看直播视频。显然，他们都想从巴菲特那里获得投资秘籍。

因为在过去的50多年里，巴菲特以平均每年投资回报率超过20%（只有两年亏损）的长期稳定收益，创下了史无前例的投资奇迹，也使得巴菲特成为2008年全球首富（目前排名第二），由于他的绝大多数财富来自股市，"股神"之称当之无愧。

不过，巴菲特毕竟是凡人，是人就总会犯错，他的投资理念渐渐地开始受到质疑。

比如，在这次股东大会上，一位来自纽约的8岁小女孩向巴菲特提问，引起在场所有人的特别关注。她问道："我已经成为伯克希尔·哈撒韦的股东两年了。为什么伯克希尔·哈撒韦公司的很多投资，已偏离早期轻资产的投资理念，尤其是为什么要投资BNSF（美国伯灵顿北方圣太菲铁路运输公司），而不是购买轻资产的公司，比如说更多地持股美国运通公司？"

巴菲特听了女孩的提问，先是一怔，然后才笑着解释："这个问题实在把我难倒了……长期以来，伯克希尔·哈撒韦偏好能带来资本回报的公司，比如喜诗糖果、美国运通。这些公司的收益非常好，而且保持了很长的一段时间……购买BNSF这家公司，是为了更好地进行资本配置，当时的股票价格非常合理。"

事实上，正如巴菲特自己所言，投资轻资产公司谈何容易？尤其是股价尚且合理的轻资产公司，比如像苹果公司这样的高科技高回报公司，现在已经很难找到了。他的潜台词很明显，高科技公司良莠难辨，前景更难进行价值评估。

纵观半个世纪以来，能够入巴菲特法眼并重仓投入的公司其实并不多。他投资的最主要特点，是着眼于传统产业而很少接触新兴产业，比如高科技类的股票，并且在每个行业中只选择表现极佳以及前景最好的前两三家公司。

举例来说：他投资的保险公司，是美国最大的保险公司之一——通用再保险公司，以及政府雇员保险公司GEICO（美国最大的汽车保险公司之一），因为保险公司有着稳定的现金流，通过精算严密的计算，风险可控、获利可期；在日用品和消费品方面，他投资了著名的可口可乐公司（伯克希尔·哈撒韦公司持有可口可乐公司近10%的股权，是其最大的股东），全球规模最大、产品多元化的医疗卫生保健品及消费者护理产品公司——强生公司等。这类公司基本上不受经济周期影响，能够源源不断地带来可观的获利；在金融领域，伯克希尔·哈撒韦公司是美国运通公司（金融服务业内最有价值的品牌公司）、富国银行（全球最大市值的银行之一）、美国合众银行（U.S. Bancorp，是美国第七大银行）的最大股东；而在高科技公司方面，巴菲特早期唯一投入的只有IBM（国际商业机器公司），在2011年曾持有IBM8.5%的股权，是当时IBM最大的股东。可是后来巴菲特承认"投资IBM是我错了"。这笔投资巴菲特投入了130多亿美元，但不断亏损，结果用将近6年的时间以清仓而告终，换来了对高科技企业的投资教训，更坚定了他再也不投资无法确认投资价值的高科技公司的信念。

因此，对于巴菲特来说，无所谓错过了投资谷歌、亚马逊和脸书，而是坚持持有像可口可乐公司、通用再保险公司、美国运通那样能够不断做大的传统公司。至于所谓"高科技FANG"四大家中的苹果公司，巴菲特也是到了苹果公司成熟之后才投入的。此时，他已经确定苹果公司可持续获利的前景了，因为在巴菲特来看，苹果公司此时已经更像一家消费品公司，而不仅仅只是高科技企业。

总之，你要投资自己所熟悉的产业，投资能把公司的财富蛋糕不断做大，能使股东不断分享利润，而非那些能投机抄底捞一把的公司。

不过，正如纽约的那位8岁小女孩疑惑的那样，巴菲特也有偏离他的投资理念"弃轻求重"的时候，比如投资美国伯灵顿北方圣太菲铁路运输公司，甚至还有过背离"长期持有"的例子。

比如2007年7月，他悄悄地将首次投资5亿美元的中石油股悉数抛售，单单这一笔，"股神"获利了35亿美元。

在股东大会上，近来在金融市场上最热的词儿——比特币，自然也被越来越多的投资者所问及。跟之前巴菲特反复表达的观点一样，这次巴菲特依然表示，比特币就好似"老鼠药"（即毒药）一般，购买比特币的人只想着它的价格会上升，根本就是在赌博！

这和我近几年来对比特币的观点完全一致。

这里引用一个段子。在某公司的年会抽奖活动中，一员工中了大奖——10个比特币，这位员工上台致谢时，一边看着大屏幕上比特币的即时价格，一边断断续续地说道："感谢公司愿意把价值63万元的比特币作为奖品给员工；我觉得自己非常幸运能够抽到59万元的大奖；我得好好规划怎么花这57万元；毕竟55万元不是一个小数目……"

虽然这是一个夸张的段子，但从某种程度上描绘了比特币的价格跌宕起伏之特性，涨跌幅度每小时在5%、每天在10%之间，其他金融市场涨停或跌停的节奏发生在比特币的交易上，简直太稀松平常了。

从金融角度而言，比特币本身并不会产生财富，只能靠价差获利，这显然是违背巴菲特投资理念的投机行为。投入比特币就和投资黄金一样，本身不会产生任何价值。

巴菲特的老伙伴芒格也称比特币是"无价值的人造黄金"，巴菲特的好友比尔·盖茨也表示投入比特币是非常傻瓜的投资。

在黄金问题上，巴菲特也表示了他的一贯观点：从长期来看，投资黄金的复合增长率非常低——黄金不能保值。

从历史的数据来看，黄金的"保值"属性是经不起推敲的。差不多从20世纪80年代到2000年，足足有20年的时间，黄金没有大涨过。考虑到通货膨胀因素，再考虑到20世纪90年代美国股市的繁荣，在很长一段时间，黄金实际上在贬值。

直到2000年之后，黄金才开始强势起来，给予人们黄金能够保值的假象。然而，根据沃顿商学院教授、美联储和华尔街优秀投资机构的顾问杰里米·西格尔的分析，从1801年至今的200多年中，投资黄金的1美元仅仅变成了1.4美元。也就是说，随着金价的上下波动，投资黄金200多年的实际年收益率近乎为零。

这也正是巴菲特在会中提到的："如果你在基督时代买过黄金，并且使用复合利率计算，也只有百分之零点几……"这和巴菲特之前反复强调的观点相同：黄金不能保值。我的观点也多次表达——和巴菲特一致——从长线来看，黄金无法保值、增值，别说目前的熊市，哪怕牛市之中也一样。

最后，巴菲特明确点明：买比特币的人和投入黄金的人一样，只能指望着它价格上升，通过价格之差来获利，那就是投机的赌博行为！和投入一家公司，希望这家公司的蛋糕不断做大、投资者都能获利的投资行为是风马牛不相及的。

总之，巴菲特的投资理念其实非常清晰，归根到底，就是只投资、少投机，甚至不投机。再特别提一下，目前伯克希尔·哈撒韦公司账面上有1000多亿美元的现金，这充分说明如果没有值得投入的资产，巴菲特宁愿现金为王，也绝不轻易投机！

"高盛"们的面具——谁还在迷信投行?

新闻案例

马来西亚检方就"一马案"刑诉美国高盛公司

新华网　2018年12月19日

马来西亚17日就主权投资基金"一个马来西亚发展公司"洗钱和贪腐案刑事指控美国高盛公司及其两名前银行家,寻求巨额赔偿并判处涉案人员监禁。

高盛发言人随即回应,称马方指控受到"误导",高盛将为自身辩护,同时继续配合调查。

马来西亚总检察长汤米·托马斯说,马来西亚检方就高盛公司所涉一马公司的债券发行指控高盛公司、高盛前银行家蒂姆·莱斯纳和黄宗华以及两名一马公司前雇员。

托马斯在一份声明中说,高盛承接3项债券发行业务,帮助一马公司筹集65亿美元。债券发行过程中,27亿美元资金遭侵吞。

声明说,债券由一马公司子公司发行,得到高盛公司保荐,但提交的发行文件存在虚假、误导性陈述和重大遗漏。"作为全球知名的债券发行保荐方,高盛应当施行最严苛标准,但他们没有达到任何标准。"

马来西亚方面寻求对高盛处以"远超"27亿美元遭侵吞资金的罚款,要求判处4名被告每人至多10年监禁。4名被告涉嫌共谋贿赂马来西亚公职人员,以便高盛操作债券发行。

高盛收取了6亿美元债券发行费用。托马斯指认这一收费数倍于市场水平。对此,高盛先前解释,一马公司债券发行存在额外风险，包括一马公司要求快速拿钱和高盛在投资者购买前先行购入。

一马公司是马来西亚前总理纳吉布·拉扎克2009年就任总理后设立的国家投资基金，以国有资金从事投资。按照美国政府司法部的说法，2009~2014年，一马公司多达45亿美元遭侵吞，其中7亿美元汇入纳吉布个人银行账户。纳吉布否认腐败。

马来西亚政府今年5月设立工作组，调查一马公司洗钱和贪腐案。纳吉布已经因为一马公司及其子公司相关案件受到30多项指控，罪名包括滥用职权、背信和洗钱。

包括美国和瑞士在内的多个国家同样着手调查。美国检察机构上月起诉高盛前银行家莱斯纳和黄宗华。莱斯纳认罪共谋洗钱和违反美国《反海外腐败法》。

国际"炒家"操纵黄金的背后，和往常一样，摇曳着高盛的影子。

高盛集团首席商品交易员杰夫·库里（Jeff Currie）在接受CNBC（美国NBC环球集团的全球性财经有线电视卫星新闻台）《巨头午餐会》（Power Lunch）节目采访时表示："做空黄金！出售黄金！"库里的建议是对"你建议投资哪些大宗商品来帮助我们的观众赚些钱"这个问题的回应。和三年前一样，在极度看空黄金后，高盛又做出停止看空的最新表态，一进一退，一唱一和，布局放线，放声收线，高盛的表演可谓精彩，节拍踏得漂亮。如果你掌握了看懂财经新闻的原则二——不被"专家"忽悠，你就会明白高盛的杰夫·库里为什么会做出如此的投资建议了。让我们从历史事件中来具体看看高盛是怎么打如意算盘的。

你是否还记得几年前"海普瑞（002399）让高盛豪赚33亿元"的新闻？这只高调上市的天价股见光后便一泻千里，让深套其中的3万多股民和几十家基金血肉横飞。高盛再一次延续了在中国投资稳赚不赔的神话。可有没有人想过，它是怎么做到的？

还记得当年让许多中国股民大栽跟头的西部矿业（601168）吗？在高盛"西部矿业大蓝筹"的极力吹嘘下，西部矿业股价最高曾达68.5元。然而高盛一边唱多，一边悄悄分批套现。西部矿业上市后业绩开始大变脸，可跟风的"散户"已纷纷进场。就这样，高盛以屡试不爽的招数以每股成本仅0.34元的超低价套现70多亿元欢喜离场。此外，还有高盛偷偷摸摸通过境外机构减持双汇发展（000895）事件，真是往事不堪回首。

奖金没有上百亿，不如买块豆腐撞死

1869年成立的高盛公司已经在资本市场摸爬滚打了一个半世纪，在赚钱这档子事儿上早已成精。而它在赚钱过程中使用的一些不道德的手段也开始慢慢暴露。

继2010年证券交易委员会（SEC）对高盛欺诈案展开调查后，英国、德国和法国等国也表示要介入对高盛的调查。2016年4月12日，美国司法部宣布高盛集团同意支付50.6亿美元罚款，以了结有关其在金融危机期间误导抵押债券投资者的指控。

高盛在欧美可谓是麻烦不断、声名日下。可在中国，高盛依然享受着超国民的待遇。不少投资者依然坚定不移地紧跟华尔街大投行的步伐，大把大把地"奉献"着自己辛苦赚来的银子。

大多数散户也许从来没想过，"政商通吃"的高盛并非是单纯的市场机构，而是特殊利益参与者。事实上，在当今世界，金融市场应当遵循的诚信品质早已荡然无存。华尔街公司为了自己的利润和奖金，可以说是用尽了各种灰色手段。对此，它们不但丝毫没有罪恶感，反而还引以为豪。

在次贷危机中倒闭的华尔街投行雷曼兄弟公司，在遭遇清算的过程中，竟被发现其公司账上有1亿美元。清算公司发问了：你不是倒闭了吗，怎么账上还有1亿美元？雷曼兄弟说，这是公司年底派发奖金的钱。奇怪，连公司都保不住了，哪儿来的钱发奖金，居然还有1亿美元？雷曼兄弟的回答很是傲慢：我们华尔街就是这样，1亿美元奖金雷打不动，而且至少得1亿美元；要不是碰上倒闭，奖金就可能是几十亿美元、上百亿美元！雷曼兄弟不屑说出口的这句话是：奖金没有上百亿美元，不如买块豆腐撞死得了。

而在2008年金融危机中死里逃生的高盛集团，每年发放奖金更是高达一两百亿美元。曾有国会议员质疑高盛CEO："你凭什么拿这么多奖金？"高盛CEO布兰克费恩振振有词地辩解说："我们干的可是上帝的活儿。"言下之意，因为干着"神圣"的工作，所以拿着"至高无上"的奖金是理所当然的。

不妨来看一看，金融大鳄高盛究竟干了些什么样的"上帝的活儿"。让我们看一下10年前，正值次贷危机引发金融海啸之际，高盛2009年头3个月的利润来源分为四类：金融咨询获利3.25亿美元；股票销售获利3.63亿美元；债券销售获利2.11亿美元；交易和资产投资获利100亿美元。请留意最后那100亿美元，比华尔街传统业务总共创造的几亿美元利润要多得多，其中也包括搜刮中资银行得来的利润。然而自金融危机以来，高盛通过四个渠道从纳税人口袋里得到巨额资金：问题资产救助计划（简称TARP）提供100亿美元；美联储提供110亿美元；美国联邦存款保险公司提供300亿美元；美国国际集团提供130亿美元。高盛在危机的最高点获得640亿美元救助资金，并再一次利用20~30倍的高杠杆，借到2万亿美元资金，一跃成为当时最有钱的银行。而后高盛利用这些钱，在股票市场崩溃和各类资产最低价时大量购进。随后在美联储和财政部以"营救金融体系和国民经济"之名义，投入23.7万亿美元的资金之后，那些资产重新膨胀。高盛用纳税人的钱，在最低价时购进资产创下盈利纪录，而纳税人没有得到任何利益。这就是所谓"上帝的活儿"。它们将所赚利润的一半——210多亿美元，脸不变色心不跳地放进了自己的口袋。

华尔街将欧元玩弄于手掌

2011年年初，前华尔街资深银行家威廉·D·科汉（William D.Cohan）针对2008年爆发的金融危机，以其渊博的行业知识和见解，调查书写了《金钱与权力》一书。书中揭露了高盛是如何掌控全球金融命脉，不择手段地搜刮全球财富并养肥了高盛集团400名高层合伙人。当然，高盛只不过是华尔街金融资本的魔头代表。英国剧作家莎士比亚有一句名言："地狱空了，所有魔鬼都在这儿了！"

想要知道魔鬼的真面目，就让我们从欧元区讲起。自2008年金融危机以来，欧元区债务问题已发展到极端危险的程度。欧元这一能够与美元抗衡的货币的地位已岌岌可危。欧元与美元一样，是在债务产生的同时被"创造"出来的，在债务偿还时被销毁，由此形成债务货币。

以希腊为例，当希腊政府把债券卖给欧洲央行进行筹资时，这种"借钱"方式等于变相增加了货币供给。鉴于欧元区统一货币和经济一体化的特点，同样饱受公共债务困扰的爱尔兰、西班牙、葡萄牙和意大利也向欧洲央行"借钱"，它们借到的欧元不是白送的，而是要偿还利息的。它们借的钱越多，利息就越多，也就必须借更多的钱来偿还之前的债务。当债务与货币捆绑在一起，其必然结果就是债务不断增加，直到这种债务货币遭人唾弃。这里插一句，当初帮希腊做假账进入欧元区的不是别人，正是高盛。

为了达到独霸全球财富的目的，华尔街借助金融危机一举摧毁了与美元抗衡的货币——欧元。经过重新洗牌的华尔街站在财富金字塔顶端，垄断了世界资源。也因此，贴上"新自由主义"标签的高度自由化、市场化的美国经济模式——华尔街提前消费、信贷消费的模式得以在全球推广。而这种模式违背了市场经济的基本规律，扭曲了供求关系，使华尔街能够以吹大经济泡沫的方式劫掠财富。这一掠夺财富的招数在新兴市场更是屡试不爽。

上市游戏吞噬中国资产

老子"将欲取之，必固与之"的道家思想精髓被华尔街演绎得淋漓尽致。改革开放初期，中国急于改变贫穷落后的状况，并为此打开国门，积极引进外资及国外企业的先进管理方法。华尔街选中这一时机（高盛前CEO、后来的美国财政部长鲍尔森到访中国七八十次），利用中国的这一需求，将掠夺之手伸向太平洋彼岸的中国。它们惯用的伎俩，首先是大肆唱空中资银行和中国股市。

2002年12月，高盛出台了一份研究报告，宣称中国银行系统不良贷款率为40%，成为亚洲最差的银行。到2003年上半年，英国《金融时报》、高盛、穆迪和里昂证券纷纷对中国银行系统进行警告，一再强调中资银行不良贷款存在极大的风险，如果处理不当，将毁坏中国经济的改革成果。那些西方媒体和金融机构众口一词，在国际、国内大造声势，尽其所能地贬低中国银行业。

转眼到了2003年年底，标准普尔等国际信用评级机构将中国的主权信用评级定为BBB级，是"可投资级"中最低的级别；还把13家中资银行的信用评级定为"垃圾级"，以便国际金融财团在股权收购交易谈判时可以拿到谈判的价码。

2004年1月6日，当国务院公布了中国建设银行和中国银行实施股份制改造试点并注资450亿美元的消息后，立刻引起海内外舆论及业界的极大关注。"恶狼"闻风而动，进攻的机会终于来临。国际大财团自2005年开始，纷纷打着帮助中资银行改革的旗号，大举挺进中国。为争夺中国这块肥肉，"恶狼"们拼得硝烟弥漫、烽火连天。我们来看看，这些打着友好旗帜的"善霸者"是如何吞噬中国资产的。

在摩根士丹利的穿针引线下，美国银行（Bank of America）于2005年注资中国建设银行30亿美元，占建行9%的股份，每股定价仅0.94港元。2008年又再从汇金公司手中增持了60亿股，追加至19%。2009年1月7日，美国银行在中国香港以每股3.92港元售出2.5%的建行股，账面获利13.3亿美元。建行股当日立刻下跌5.84%，中国香港恒生指数跟着下跌0.53%。同年5月12日，美国银行又以每股4.96港元售出35亿建行股，获得73亿美元。美国银行不到4年，从中国建行获利接近100亿美元，投资回报率高达333%，这还不包括每年几亿美元的红利！

无处不在的高盛

如此高利润的生意自然少不了高盛的身影。2005年，高盛亲自出马拉来了安联集团和运通公司。它们共同出资37.8亿美元入股中国工商银行，收购了大约10%的股份，把股价定在每股1.16元。截至2009年2月月底，它们抛售套现了99.2亿美元，账面获利61.4亿美元，回报率高达162%。

此后，瑞银集团、苏格兰皇家银行、新加坡淡马锡公司和亚洲开发银行，总共投资中国银行87.8亿美元，每股定价仅为1.22元，套现获利却高达41.35亿美元。中国银行证实，苏格兰皇家银行2009年年初将所持有的108.1亿股的H股股权全部抛售。离禁售期满还不到半个月，中行连续遭遇三家外资大股东减持股权。

汇丰银行更是早在2004年就捷足先登，注资交通银行17.5亿美元，占交行18.6%的股权，总共持有93.1亿股。2009年2月月底前套现56.6亿美元，账面获利39.1亿美元，回报率更是高达223%。

那些国际金融大财团就是高盛所谓的"外资战略伙伴"。它们与中资上市银行的战略伙伴关系，就是在适当的时机，以最低的价格获得中资银行的股权，借用上市的游戏劫掠一票之后，就像装满战利品的海盗船那样鼓起风帆开溜了。中资银行成了它们的取钞机，肥水流进了外人的田！由此可见，华尔街上市的游戏和对定价权的垄断，是多么厉害的武器。

　　高盛开给中资银行的那张"药方"是炮弹外包裹着帮助中国银行业改革的糖衣，是"新八国联军"的"攻城战略"。中国为何会上当？那是因为咱们中国人民太善良，因为自身善良，看别人也全是善良之人；而那些华尔街豺狼，因为自身是豺狼，所以从它们眼里望出去也全是豺狼。它们撕咬对方时，越血淋淋就越过瘾，血腥味越浓也就越香甜，指望它们心慈手软，想都别想！

　　看一看，当打扫这片哀鸿遍野的战场时，满目疮痍，我们的心在滴血！那些国际金融大财团在抛售了中资四大银行的股权之后，总共获利接近236亿美元。而中国四大上市银行2008年的利润总额为2953.7亿元，平均增速达到30.5%。其中，建行实现净利润高达926.42亿元，同此增长33.99%；中行实现净利润635.39亿元，同比增长13%；交行实现的净利润达到284.23亿元，同比增长38.56%；而工商银行的净利润高达1107.66亿元，同比增长36.3%。

　　可遗憾的是，真正分享高额利润的是谁呢？不是广大的中国股民和四大银行本身，真正分享高额利润的，是那帮吃人不吐骨头的华尔街"豺狼"。仅以建行为例，美国银行抛售了建行股之后，依然拥有建行10.75%的股权。也就是说，美国银行还要刮走建行10%以上的净利润，接近100亿元。据最保守估计，单单一年外资就从中资银行剥夺利润超过1万亿元，约1471亿美元（按1∶6.8计算），再加上抛售股权所得的236亿美元，总共从中国人民身上掠取1707亿美元！

　　这是一笔怎样的巨款呢？这笔巨款足以收购三家大型商业银行的控股权，比如花旗集团；可以拯救美国三大汽车巨头九次以上。自中华人民共和国成立以来，建立一支核动力航空母舰战斗群一直是中国海军的梦想，这1707亿美元可以购置15艘核动力航空母舰，包括舰上的全部舰载机，使中国海军一举成为当代的"海霸"。

　　"小盗窃钩，大盗窃国"。我们普通投资者也许无力与国际投行抗衡，但至少要学会保卫自己的财产。为什么哪只股有潜力，哪个产品风险太高，高盛都要告诉你呢？投行难道是活雷锋？你难道没有发现，每次退潮后，在海滩上裸泳的人正是你啊！

老奸巨猾的高盛没有一刻消停。2016年6月，高盛又放话看空油价前景。现在，你应该能猜到高盛此番"放风"背后的用意了吧？

屁股决定脑袋——理财师还是忽悠师?

新闻案例

监管层要求管住分析师的"大嘴"

《上海证券报》 2018年9月21日

上海证券报称，近期，管理层向证券公司下发了新一期机构监管情况通报，要求券商建立健全内部管控机制，加强对公司工作人员公开发表言论行为的管理，维护资本市场正常秩序。

通报要求券商从四方面加强管理：

一是规范公开发表言论行为，强化专业责任担当。

通报要求信息来源合法合规、研究方法专业审慎、分析结论可有效验证，不得使用低俗、夸大、诱导性、煽动性标题或者用语，不得盲目跟风炒作、一味追逐市场热点等。

二是加强工作人员管理，强化公司内部控制。

通报要求券商将员工的公开言论管理纳入公司合规及全面风险管理体系，建立健全事前、事中、事后内部管理制度，要求工作人员发表公开言论前履行公司内部报备程序，并严格落实监测评估和内部问责机制，加强对员工的培训教育等。

三是落实研报合规要求，有效提升研报质量。

通报要求券商督促证券分析师和相关研究人员基于客观、扎实的数据基础和事实依据，采用科学、严谨的研究方法和分析逻辑，审慎提出研究结论。同时，建立健全并严格执行质量控制和合规审查制度机制等。

四是强化媒体合作管理，健全舆情监测和应对机制。

通报要求券商授权媒体机构刊载或者转发研究报告或者摘要、证券分析师和相关工作人员评论意见的，应当与相关机构作出协议约定，明确刊载或者转发责任。此外，券商还需健全媒体报道监测和应对机制等。

作为亚洲经济增长最快的市场之一，中国的高净值人群正快速崛起，他们对财富的保值、增值需求也越来越强烈。正是看好这一潜力巨大的市场，各家私人银行无不竭尽全力争夺高端客户。在投资品种稀少、理财知识贫乏的中国民间，人们往往把钱财交给所谓的理财专家打理，效果如何呢？

知名文化人洪晃曾在微博上爆料，她在德意志银行开设的个人投资理财账户"越理钱越少"。她怒斥："我快被他们给理成无产阶级了。"无独有偶，2008年，利比亚总统卡扎菲把13亿美元交给高盛来打理，不到短短两年的工夫，这笔巨款就亏损超过98%。这让我们不禁感叹高盛真"牛"！就是普通人携带这笔巨款，即使去赌场豪赌一场，也很难输成这副模样。

如果你觉得大款栽在大银行手里的例子太遥远，那么回想一下自己的理财经历。不知你有没有这样的遭遇：禁不住某位炒股大师在电视上唾沫横飞的强烈推荐，一冲动拿出积蓄买了那只被推荐的股票，一心等着这只神鸡快快下金蛋，最终不仅蛋没等到，连鸡都死了。于是你困惑、你不解，这是大师的偶尔失手吗，还是他根本就是个信口雌黄的大骗子？可骗子怎么能上电视？

猩猩比大师更聪明?

记得美国有线电视新闻网(CNN)曾采访过两位财经专家,请他们预测一下今后股指和黄金价格的走势。一个信誓旦旦地说:"两年内道琼斯指数将从目前的1万点拦腰斩断,跌至5000点。而黄金将从每盎司1200美元涨到3000美元!"另一位则说:"两三年内,道琼斯指数将在1万点上下徘徊,上不过11000点,下不低于9000点。而金价将从每盎司1200美元跌到600美元!"

这两位资深专家摆数据、讲道理,分析得头头是道,但结果南辕北辙。观众看傻了:到底该听谁的呢?

我不禁想起,每到年底,电视台都会请来华尔街金牌分析师,总结当年的股市并预测来年的指数。他们每一个都口若悬河、信心满满,给出的数字却截然不同。我曾特别留意他们的预测并在第二年进行核实,结果发现:他们的预测基本不准!记得有一年年底,电视台照例请来几位分析师,同时还牵来一只猩猩。主持人等分析师们大放厥词进行预测了之后,也让猩猩对准写好的一排数字扔飞镖,被扔中的数字作为猩猩的预测。等到了第二年年底核实时发现,猩猩预测的准确率竟然超过绝大多数分析师!

其实,正如立场决定观点,屁股决定大脑,卖花的总是说花香,卖瓜的总是说瓜甜,理发师永远要你理发,房产经纪人永远劝你买卖房子。因此,当大家看(读)财经新闻特别是带有预测性的言论时,要特别留意那些发言的分析师和专家都来自何方。如果他们是投行内的所谓"经济学家"或"首席经济学家",你就要多长个心眼儿了。请恕我直言,他们充其量是投行派来的超级销售。即使他们水平再高,对形势看得再清楚,一般也不会说出自己的心里话,只能向着投行的利益发表演说,因为这是他们该遵守的职业道德。他们只需对自己效劳的公司负责,而无需对你负责。

投行的话多半要反过来听

在这里教你一个小窍门：通常来说，投行准备做多时，往往会唱衰大市，这是在为它们的进场做准备；反之亦然。所以，听投行说话要像听球王贝利的"乌鸦嘴"那样反过来听。比如前两三年，高盛已经做空油价，就在油价超过120美元/桶接近130美元/桶时，它忽悠别人赶快进场，否则油价会涨到200~400美元/桶！结果，等大家都进场之后，油价一路下滑，曾下跌至30美元/桶！高盛因此赚得盆满钵满。谁亏了呢？聪明的你一定知道了吧。

同样的道理，放话的专家即使是诺贝尔经济学奖得主，只要那时是政府的雇员或顾问，那他绝对会站在政府的立场替政府说话。如诺贝尔经济学奖得主、美国经济学家保罗·克鲁格曼宣称人民币币值至少低估了25%~40%就是个例子。他曾强硬地表示，如果不拿出强硬的威胁措施，美国不会取得任何进展。这样的话，我们该怎么听呢？又如美国的失业率数据，在金融危机中，美国真实的失业率其实早已突破17%，这是公开的秘密，只要下点工夫就能查明白，但好些经济学家就是有本事把失业率"降"到10%以下。再看美国楼市，曾经明明深陷沼泽，房价"跌个不休"，可不少专家就能在当时将其解读成市场见底回升了。这几年来，奥巴马的救市举措只不过解救了闯下大祸的华尔街而已，又增加了几万亿美元的债务，市场依然疲软，金融危机正在向纵深蔓延，更大的危机正在前面，可有些专家睁着眼睛说瞎话，胡诌危机已然过去……

就像我们在前文说过的，就连"股神"巴菲特的话都不能全听。对于投资者来说，和你同在市场中的巴菲特是你的竞争对手。他把投资的秘诀告诉了你，你赚多了他不就赚少了吗？这是个简单的"利益冲突"（conflict interest）的道理。

普通大众很容易盲目相信权威，一听说对方是某某投行的首席经济学家、美国顶尖大学的终身教授、诺贝尔奖获得者，就被他们迷惑了。但其实经济学并不是数理化那样极为严谨的科学，很多结论都是在假定的模型下得出的。金融牵涉的是方方面面的利益，时常被政府和大金融机构操控着，而市场又是瞬息万变、不以人的意志为转移的，谁又能准确地预测呢？更何况许多学者、专家、教授背后的靠山是大投行等金融机构，他们的一言一行代表的只能是他们的靠山。不认清这一点，被忽悠进场的投资人就很容易成为利益集团的牺牲品。

曾经是华尔街金牌分析师的凯斯勒，在他的忏悔录《华尔街的肉》中讲了一个故事：当英特尔的股价在20美元时，凯斯勒分析它的前景看好，应该会涨到35美元。但他的同事罗森——当年高科技企业的头牌分析师非要他把目标价格调整至50美元。就这样，靠着分析师不断提高价格目标，做出建议，推高股市，从而形成了泡沫。泡沫破灭后，凯斯勒和罗森的桌上堆满了投资人激动与愤怒的电话留言纸。凯斯勒向投资人一一回电致歉，但罗森竟然连错误都不愿承认。罗森认为他有说话的权利，至于买不买是投资人自己的决定，亏损当然得自己承担了。

奇怪但又普遍的现象是，人们往往不爱听实话，偏偏喜欢听神话。金融财经说穿了只是个常识问题，即1+1=2，永远不会等于3。

让我们回到开头那个CNN（美国有线电视新闻网）采访两位专家的例子。通过谷歌搜索不难挖出那两位专家的背景：原来，他们一位是黄金指数基金的经理，另一位是某投行的分析师，而这个投行正在做空黄金……真所谓屁股决定脑袋，用"看懂财经新闻的四项法则"中的第二条来分析，是不是一下子就明白了为什么这两人的言论大相径庭？

国际评级机构有多少可信度？

2016年6月27日，英国公投将退出欧盟，这对英国经济、公共财政和政治上的连续性产生了许多负面影响，英镑汇率跌至31年新低，反映了金融市场的投资者对脱欧后的英国产生的悲观情绪。

面对英国政策框架的可预测度、稳定性和有效程度下降的风险，标准普尔（Standard & Poor's，简称林普）和惠誉国际（Fitch Ratings，简称惠誉）这两家国际评级机构，将英国从"AAA"的最高信用评级下调至"AA"级，显示了英国外部融资条件的恶化状况。

惠誉认为，随着英国企业推迟投资并考虑改变法律和监管环境，短期内英国GDP增速将突然放缓。虽然尚不确定负面冲击的程度，但惠誉已下调了之前对英国实际GDP的预测，2016年GDP预测从1.9%降为1.6%，2017年和2018年分别从2.0%降至0.9%，这令英国的经济前景雪上加霜。

这两家国际评级机构下调英国的信用评级，好似对英国落井下石。

标准普尔和惠誉的信用评级为何具有这样大的能量？它们的评级真就那么合理、准确吗？

其实也未必！

标准普尔、惠誉国际和穆迪公司（moody's，简称穆迪），是国际上知名的"三巨头信用评级机构"。1975年，这三家公司被美国证券交易委员会认可为"全国统计评级组织"。标准普尔主要为投资者提供信用评级、独立分析研究、投资咨询等服务，包括反映全球股市表现的标准普尔全球1200指数，美国投资组合指数基准的标准普尔500指数等，其母公司为麦格劳·希尔公司（McGraw-Hill）。

惠誉是"三巨头"中规模最小的，尽管通过多次收购发展壮大了，经常自我定位与其他两个评级机构实力相当，但实际上并非如此，其涵盖的市场份额比标准普尔和穆迪少得多。惠誉由约翰·惠誉（John K.Fitch）于1913年创办，两个总部分别设在纽约和伦敦，经过多次与其他公司的收购和兼并，2014年12月31日，公司80%的股权由美国赫兹公司持有，法国公司Fimalac SA控制了其余20%的股份。

通常来说，公司付费让标准普尔和惠誉评估发行债务凭证级别，其结果是这些评级机构受惠于发行商，赚钱变成了它们的主要目的，评级倒显得次要了。事实上，这个以"付费玩"（pay to play）为目标的模式，使它们的评级往往变得毫无意义。如果用更精确的话来形容，评级可以说是三个卡蒙特（Three card Monte）游戏中"抬价"的角色。

之前有专家指出，2008年全球金融危机的部分原因恰恰是标准普尔和其他评级机构造成的。因为从2007年开始，被标准普尔赋予AAA（可用的最高等级）评级的CDO（担保债务凭证），即意味着低风险。

然而，标准普尔把AAA的信用评级给予风险最大的贷款池，当投资者购买了大量标有AAA级的CDO之后，等于背负着惊人的损失而无法出售。例如，瑞士信贷发行的3.41亿美元CDO债券，尽管被标普评为AAA级别，最后竟落得1.25亿美元损失。

此外，有时"三巨头"赋予公司（以及整个国家）的评级，并不是根据健全的财务分析，而是基于政治因素。比如2013年11月，标准普尔下调法国的信用评级，将其从AA+下调至AA，理由是时任法国总统弗朗索瓦·奥朗德的政策将无法刺激经济增长。

事实上，类似的例子还有很多。如2011年8月5日，标准普尔表示，全球金融体系的基石被动摇，美国国债不再是当之无愧的世界最安全的投资产品，将美国信用评级从AAA降至AA+，金融市场为之哗然。结果是标准普尔的财务分析报告出现2万亿美元的计算错误，可算是摆了个大乌龙。

加拿大和澳大利亚都有类似的经验教训，这些国家抱怨一旦被"三巨头"降级，可能需要数年才能赢回AAA评级。因此2011年5月，美国证券交易委员会提出建议，要求"三巨头"透露更多的有关信用评级的计算方法，进一步加强内部监控以防止利益冲突。

总之，对于国际"三巨头"的评级，仅供参考即可，不必太当真。

投资是场信息战——国际"炒家"的谎言

新闻案例

荧屏上CNN（美国有线电视新闻网）的"One-on-One"节目正在做对索罗斯的访谈。我们引用本书中看懂财经新闻的四项准则来解读一下这个访谈。

首先，主播询问索罗斯目前美国经济状况如何？索罗斯直言不讳道："依然不行。非但美国，欧洲也一样，是金融模式出现了问题。"这也正如我反反复复唠叨的——不能再宽松货币、寅吃卯粮、借贷消费和债台高筑了。而索罗斯则用了一个非常严苛的词："美国经济模式再不改弦更张的话，将进入'dead end!'（死胡同）。"也就是"死定了"！

那么对索罗斯这样的金融大鳄所说的话，我们应该怎么听呢？

在华尔街的大鳄中，索罗斯是我最为"敬仰"的一位。虽然他做空过英镑、做空过东南亚、做空过黄金等，是个著名的"做空大师"。不过，他一贯丑话说在前头："不是因为我的做空而把事情搞砸了；恰恰相反，是我看出了问题才做空。"这就好似啄木鸟，并不是它们把树啄出一个一个洞，而是因为树上有虫子，吸引啄木鸟把虫子啄了出来。所以，有人形容索罗斯长着一张乌鸦嘴，尽说丧气的话。但是他的话非但要听，而且要好好地、仔细地听。

索罗斯如此说，显然他在"唱空做空"。但是我们普通投资者难以"追随"。由于"做空"纯属"投机"行为，并不是"投资"，普通投资者要像远离毒品那样远离"做空"。因为做空难以控制风险，稍有不慎，就会倾家荡产！

那么在此之际，我们该如何投资呢？其实答案已经很明了了。索罗斯把话放那儿了，欧美必须改弦更张，他的观点也呼应了美联储前主席伯南克的观点，他曾两次呼吁美国，必须"长期减赤"。欧美正试图"节流"，虽然他们大手大脚惯了，一下子很难改变，但是这个过程是必需的，不然"死路一条"，也就是通缩将至。

在这样的大环境下，在通胀的时候把钱存入银行带来的是"负利"缩水，因为利息低于通胀率；而如果此刻转投金融市场，由于通胀了多年，几乎所有资产都在高位，通缩时价格必然下跌。可谓是"刚出狼口，又进虎穴"，因为存银行的损失是通胀率减去利息，一般在2%上下；而当资产价格下跌的话，跌去10%可以说转瞬即逝！索罗斯直言："这次经济危机的原因之一，就是金融业took too much profit（赚得太多了）。"显然，在零和游戏[1]中，金融机构赚多了，那么亏损的肯定是普通投资者！

于是节目主播问索罗斯，那究竟怎么投资呢？索罗斯回答："投资教育吧。"这和我们的观点一致。"投资自己的大脑"，多掌握些知识、多学些技能，把自己变成最有价值的商品，从而增加收入，不管通胀还是通缩来临，你都能立于不败之地！说穿了，这也就是"常识"。

在国际大宗商品价格和黄金价格暴涨暴跌的背后，有人赚得盆满钵盈，有人输得血本无归。在贵金属市场，资本大鳄索罗斯一面唱空、一面做多；高盛则和摩根士丹利唱对台，一个看空、一个看多。在纷繁复杂的信息面

---

1 零和市场/负和市场：但凡投资（机）者只能靠价差获利，如黄金、比特币、不分红的股票、外汇，以及期权期货等金融衍生市场都是零和市场，即输家亏的钱和赢家赚的钱相加之后为零。而由于交易平台的介入，扣去经纪费用，再扣去政府税收等，对于市场参与者而言，市场中亏的钱和赚的钱相加为负数，这就叫负和市场。

前，投资者该怎么去判断取舍、怎么去分析理解呢？

利用期货高杠杆做空做多

先来看一个几年前的小麦期货价格战的经典案例。

那年的8月17日，芝加哥大宗商品期货交易所的谷物期货全线上涨，小麦期货价格的涨幅接近1.7%，同时小麦和大豆的期货价格也有不同程度的涨幅。谷物期货全线上涨的主要原因在于全球主要粮食出口国（包括俄罗斯、乌克兰和加拿大等国）遭遇严重的干旱和破坏性降雨，小麦的预期收成受到较大影响。前一星期，俄罗斯总理普京签署法令，因为干旱和部分地区森林大火，对小麦实施出口禁令。有鉴于此，8月16日乌克兰当局和企业界代表也发表言论，建议限制小麦出口。从当年小麦出口国的收成来看，由于受干旱影响，俄罗斯27个谷物种植区已有1100万公顷谷物遭破坏，这相当于匈牙利或葡萄牙1/5农作物的播种总面积。俄罗斯谷物产量将从前一年的9700万吨下降到当年的6000万吨，减少了38%左右。预计小麦收成将从前一年的6170万吨减少到4400万吨。乌克兰是全球第六大小麦产区，因受酷热气候的影响，小麦的产量低于之前的预期，收成预估1860万吨，而实际收获1775万吨，预计那两年的小麦出口前景将从710万吨下降到595万吨。而欧盟27个成员国，因受滚滚热浪的侵袭，它们那年的小麦产量也将从前一年的12980万吨减少至12950万吨。

这一信息对依靠粮食进口的国家来说绝不是利好的消息，而对唯恐天下不乱的华尔街来说则是大好时机又来了！这不由得让我们联想到2008年8月，全球原油期货市场被金融投机"炒家"从每桶30美元破纪录地炒高至147美元。石油暂时无可替代和储量日益减少的事实，成为国际"炒家"推高油价的主要原因。

那么，主要粮食出口国小麦歉收，是否会使全球粮食市场产生恐慌，出现一轮炒作小麦期货的价格战呢？

值得一提的是，虽然乌克兰寻求小麦出口的禁令，但作为世贸组织的一员，乌克兰无权停止出口，仅仅有权讨论粮食出口配额的可能。实际上，乌克兰寻求小麦出口禁令的真正目的是想废除不利于自身的合约——不可抗的状况。各方的表现暗示着利益之争已经开始了。

其实，哈萨克斯坦也是排名前10位的小麦出口国，那年并不受干旱的影响，虽然那年小麦不如前一年收成高，从前一年的1450万吨下降至1350万吨，跌幅约为7%，但也算是大丰收。就连摩尔多瓦的农业部部长都认为，气候造成谷物歉收的损失是微不足道的，摩尔多瓦前一年小麦收成为77万吨，那年约为85万吨。

分析了谷物收成的自然情况后，来看一看金融市场的背景。由于期货市场一般都通过保证金账户来运作，账户保证金至少是持有期货总价的25%，金融杠杆至少也是1∶4。而期货的保证金账户比一般股票的保证金账户比例更低，只需总价的5%~10%。想想看，"保证金"加上"期货"，那是杠杆上加杠杆，获利与风险比例均比股票高。买卖期货者获利或亏损的幅度，可以是本金的数十以至数千倍！因此，期货市场就产生了做多和做空的"炒家"。而且，期货市场完美的做空机制给了国际"炒家"暴利敛财的机会。解释一下，金融里的"做空"是指预计未来行情将下跌，将手中的证券按目前价格卖出，待行情下跌后买进，从而获得差价利润。做多则与之相反。

华尔街掌握大宗商品定价权

早在2008年，小麦就已经被炒高过一次了。根据芝加哥大宗商品期货交易所在2002~2010年间小麦期货的走势图形：小麦在2008年年初就曾经突破1000点，不到一年便急速折腰，跌破500点。众所周知，期货归根到底是零和游戏，在这一上一下剧烈的波动之中，显然有人赚得钵满盆溢，同时有人倾家荡产。而由于华尔街掌握着大宗商品的定价权，赚得钵满盆溢的往往是金融大鳄，他们赚了那谁赔了呢？答案不言而喻。

我们来看看国际"炒家"是如何具体操作的：在各种商品期货市场，国际"炒家"为了能够达到控制商品期货的价格、创造超额利润的目的，会制造、捏造、编造和炒作各种所谓的"消息"，其实就是主力为了炒作而找的理由。在任何一种商品、任何一个上市公司都可以找到相应的所谓消息或者说题材，而任何我们觉得匪夷所思或者是微不足道、遥不可及的事件只要主力需要，主力就会去发掘、改造、编排和散播。这些被改头换面的事件就成为主力控制价格、操纵市场以牟取暴利的有力武器。

国际金融"炒家"是一群极其聪明的人，他们手里掌握的资金之雄厚是不可想象的，他们和各国政府关系之暧昧是不可想象的，而他们的贪婪更是不可想象的。

根据中国三农问题专家李昌平的介绍，中国的水稻、玉米、土豆等主粮在现阶段的技术下，未来10~20年内根本就不会短缺，而且还有很大的增产潜力，甚至可以净出口，因此中国不必去蹚这一浑水。如果真想出征，也要谨慎、谨慎、再谨慎，千万不要像2008年购买石油期货那样，听信国际金融"炒家"的忽悠。

你现在明白了吧，为什么投行有的向左有的向右，为什么"炒家"们有的喊多有的喊空？那唱空的正是要打低价格准备抄底进场，而那唱多的正是要抬高价格准备获利出货。你要学会在信息爆炸的时代去伪存真，淘出对自己有用的信息，只有这样，才能看懂财经新闻，并让新闻为你服务。

自古忠言多逆耳——不讨好的"乌鸦嘴"

新闻案例

鲁里埃尔·鲁比尼：关注去杠杆过程中影子银行急速膨胀

财新网   2018年3月24日

全球各类经济体和不同部门都在去杠杆，应对全球金融危机需从三方面着手。

"美国、日本、欧洲公共债务升高，中国去杠杆过程中影子银行急速膨胀，其他国家私营部门债务积累，这是目前全球面临的金融风险。"3月24日，美国纽约大学教授、鲁比尼宏观研究公司主席、首席执行官鲁里埃尔·鲁比尼分析金融危机问题时指出："美国和中国等都需要去杠杆。"

鲁里埃尔·鲁比尼在中国发展高层论坛2018年年会上分析了目前金融市场面临的风险和可能触发危机的因素。他指出，金融危机按范围分为国家性、区域性和全球性危机，从经常项目看，在金融系统和地产等不同领域出现。大多数的危机都有资产价格泡沫，最后泡沫破裂，连锁反应传导到金融企业，爆发危机。

在准确预测美国次贷危机和全球经济危机后，著名的"末日博士"鲁里埃尔·鲁比尼不断成为焦点。2016年1月，鲁比尼又发出惊人言论，称当下全球经济进入了"新病态"（New Abnormal）——从美国金融危机以来，尽管各国政府采取了一系列的拯救政策，但是各国越拯救，经济越衰退不止，已经进入重病状态。2018年，鲁里埃尔·鲁比尼在中国发展高层论坛2018年年会上分析了目前金融市场面临的风险和可能触发危机的因素。他认为大多数的危机都有资产价格泡沫，最后泡沫破裂，连锁反应传导到金融企业，爆发危机。

这位全球最负盛名的"乌鸦嘴"经济学家是在胡说八道吗，他的话是危言耸听还是警世哲言？

"乌鸦嘴"预警未来

《华尔街日报》曾刊登过一篇文章，文章的题目非常另类，叫《我希望美国对其债务违约——越快越好》。作者写道："在这个节骨眼下，我真的希望能出点事。我希望美国对其债务违约——越快越好。我希望共和党人关闭政府，希望穆迪评级公司降级我们发行的债券，希望中国和日本停止购买美国国债。我希望华盛顿的官员、公务员和顾问大军发不出工资，让美国老年人只能拿到一文不值的欠条，而不是社会福利金支票……也许到那时，也许只有到那时，美国才会觉醒，才会做一些事情来防止即将到来的财政灾难……让我们来看看白宫2012年的财政预算，简直是庞氏骗局主谋麦道夫作案的翻版……"

读到这儿我明白了，他是反话正说。我不禁哑然失笑，真是英雄所见略同。我曾在《美国国债：有史以来最大的庞氏骗局》一文也提出过相似的观点，目的是向大众预警可能即将到来的大危机——美国国债危机！然而，这篇文章的作者一定会被某些人嘲讽为"乌鸦嘴"。因为在判断和分析事物特别是经济形势的走向时，经济学家面对各种经济数据，会产生完全不同的结论。乐观的经济学家常被冠以"吹鼓手"称号，而悲观的经济学家则被封为"乌鸦嘴"。

且不论"吹鼓手"和"乌鸦嘴"之争孰是孰非，说句实话，没有"乌鸦嘴"是非常可怕的。我们知道，20年前的日本因放松信贷而形成房地产泡沫，最终导致经济崩溃，使日本经济"失去了20年"，至今都没有缓过劲儿来。日本学者事后调查表明，当初房地产泡沫越吹越大的时候，日本央行的官员和主流媒体没有人公开对泡沫破裂表示过担忧。也就是说，当年日本没有一个"乌鸦嘴"经济学家出来煞风景。

话虽如此，不过"乌鸦嘴"就是讨人厌。有一位国内房产界名流向我抱怨：有一位经济学家从1989年开始就说中国房价超高，1992年又说房价有泡沫，2002年还危言耸听，说泡沫要破，到了2005年又告诫大家泡沫肯定要破。结果呢？中国房价一路飙涨。这样的经济学家对社会负责任吗？不就空长了一张"乌鸦嘴"嘛！其实这位仁兄可能没有想到，预警没有成为现实，恰恰是好事！要是没人发出预警而不幸突然发生，成为黑天鹅事件，那才叫惨呢！正如《黑天鹅》一书描述的，如果12年前，哪怕有人早一个小时发出预警，那么"9·11事件"就不会发生。而"9·11事件"之后，美国设立了预警系统，一连几年，危险警示灯一直跳着，大家心里一直抖抖的，结果迄今也没什么大事发生。

跟预测经济相比，恐怖危机的预警显然容易控制得多了。美国经济金融界的"乌鸦嘴"如此之多，也无法避免前200年发生的大大小小共135次金融危机。人啊，都爱听好话、神话，不喜欢听难听的大实话。大家是否还记得鲁迅先生讲过的那个故事：有个孩子刚出生，一大堆人围着孩子说了许多喜庆的话，有人冷不丁说，这个孩子今后要死的，结果被人痛打一顿。可见大实话是多么讨人厌。而经济学家凯恩斯对他提出的经济模式最清楚，深知用宽松信贷其实就是玩庞氏骗局，这道坎儿早晚会过不去的。于是他便自嘲，从长远来看，人都是要死的。其意无非是懒人吃藕——吃一段，洗一段，今朝有酒今朝醉，过一天算一天吧。

自古忠言多逆耳

事实上，我们应该向所有的"乌鸦嘴"致敬！就好比医生告诫大家不要吸烟，吸烟有害健康，得肺癌的概率很高。但并非所有吸烟者都会得肺癌，因为医生得出吸烟易得癌只是个趋势，但每个烟民基因不同，有些烟民还未查出肺癌，就因其他疾病走了。就算真得了肺癌也有早有晚；而且就算得了，也不见得立马去见上帝。这就是为何"乌鸦嘴"讨人厌且有预测不准的嫌疑。但我们绝不能因为吸烟者还没得肺癌或还没死就说医生多事儿。

在市场中，与"乌鸦嘴"相对的是"吹鼓手"。比如有人说2010年道琼斯指数要上3万点，中国股市要冲上10000点。这些话是相当好听。书店里那些牛市10000点、道指30000点的书大家最爱看；而像电影《2012》里的作家，他写的预警书只卖出几百本。可见忠言就是逆耳，直面现实需要不凡的勇气。

再谈谈中国那完全脱离任何国际通用衡量尺度、令人匪夷所思的房价。现在中国越来越多的人对此不以为意，反而宽慰道，中国楼市情况特殊，我们这儿房价只会涨不会跌。然而，这句话30多年前南美人说过，30多年前日本人也说过，20多年前中国香港人说过，20多年前中国台湾人也说过，10年前美国人说过，几年前迪拜人、爱尔兰人也说过，东南亚人和莫斯科人也都曾说过……大家也都认为，他们的房价只涨不跌。但结果呢，突然间有那么一天，房价突然掉头向下……

泡沫价格就像狗那样，有时会跑离主人，但最终总会回到主人的身边。一个地方跑离轨道的房价，也终将会回到合理的价位。比如美国在楼市没有泡沫的300年间，房价一直徘徊在平均家庭收入的1.6~1.8倍之间。前些年脱离了这个比值，一度达到6倍，但从2006年7月开始下跌，最近又渐渐向平均家庭收入的2~3倍回归了。

总之，"吹鼓手"的话颇对大众的胃口，而"乌鸦嘴"的话就极不受人待见。但我要说，"吹鼓手"的话倒不一定要去听，"乌鸦嘴"的话可得好好听听。而且，也千万别跟"乌鸦嘴"置气，否则硬撑死撑，只会把病情越拖越重。有泡沫的话，早破要比晚破好。就像戒毒一样，越早戒痛苦越少，越晚戒就真有生命危险了！

　　再回到我们之前提到的美国国债，草木皆兵的华尔街投行或对冲基金对其早已敬而远之。全世界最大的债券基金公司——太平洋投资管理公司（PIMCO）也正在抛售美国国债。因为它们都意识到，超过22万亿的美元债务，美国政府怎么可能偿还呢？不要说偿还本金了，再过几年，美国每年的财政收入可能连支付其利息都不够。但在今日的美国，普通百姓没有这种紧迫感，总统似乎也没有。显然，债券投资者也不着急。

　　所以，那位"乌鸦嘴"专家在文章开头希望美国对其国债违约。虽然没人希望本国发行的债券违约，但如果违约不可避免，那还是早来比晚来好。千万别心存侥幸！每当泡沫来临时，总会有人说"这次不一样""我们这儿是不一样的"。可历史总是惊人地相似，悲剧总是不断地重演，区别只是时间早晚而已。结果，一次又一次的重蹈覆辙造就了800年来的一部金融荒唐史。灾难发生前往往是一片平静，就像日本2011年发生的特大地震和海啸，就在半小时之前还是晴空万里。

　　不过，这次"乌鸦嘴"的话可千万别不幸言中。因为一旦美国违约，作为美国最大的国外债主，持有巨额美国国债的中国将损失巨大！而"末日博士"的话也最好当作预防感冒的"板蓝根"，好好消化一下。毕竟，在衰退前未雨绸缪总比之后收拾烂摊子要实在得多。

第三章

炒房？租房？

在这一章，我们来讨论房子这点事儿。除非你一年365天每天都露营，否则房子这个话题是逃不过去的。

　　中国一线城市一直都是外来人口最青睐的地方。不过近年来，随着一线城市的房价猛涨，生活压力越来越大，终于出现了人口拐点！上海出现人口负增长（减少），北京核心区人口也出现了减少的趋势，其他一线城市人口流入速度明显减缓……这背后折射出房价已经和普通中国人的命运紧紧捆绑在一起：你是仍在北上广为拥有一套自己的房子而苦苦打拼的一员，还是加入了"逃离北上广"一族？

　　现在中国的"单身狗"们多半是吃了没有房子的亏，好多大龄单身男青年无奈抱怨：没有房子就没有娘子和孩子，没有房子就没有生活。有房的希望房价天天涨，没房的等房价跌已经等得失去了耐心。有些专家跳出来说，中国的房地产没有泡沫，中国的房子只涨不跌，投资中国房地产是最划算和保险的理财手段。如果你还记得阅读财经新闻的那四招，那么你一定会留意说这话的专家的身份，他是房地产公司的高管吗？他暗地里在炒房吗？他说的投资房地产到底是在投资还是在投机？

　　客观上，征收房地产税在欧美是稳定房价的主因之一，中国可以学习借鉴吗？如果你已经贷款买房，那么你该如何做一个"轻松"的房奴？对于暂时买不起房子的老百姓来说，难道就没有别的路可走了吗？带着这些问题阅读本章，再用你的常识加以检验，山重水复疑无路的无房族们看看是不是柳暗花明又一村了。

多地放松调控，房价又要涨了吗？

新闻案例

12月已有四地调整楼市政策，房价大涨还会卷土重来吗？

《中国证券报》 2018年12月27日

取消限价全国第一枪来了。

继菏泽取消限售令后，湖南省衡阳市房地产业协会官方网站发布通知，由于本地房地产已回归理性，将自2019年元旦起暂停执行限价令。限价主要是针对一手房价格，在本轮调控中，一手房限价成为了抑制房价上涨的重要抓手之一。衡阳由此成为目前首个明确宣布取消限价的城市。

衡阳市发改委与衡阳市住建局联合发布的名为《关于暂停执行〈关于规范市城区新建商品房销售价格行为的通知〉的通知》（以下简称为《通知》）中明确提出，由于目前衡阳市房地产市场已出现理性回归，销售价格也较为稳定，经研究，决定于2019年1月1日起暂停执行《关于规范市城区新建商品房销售价格行为的通知》（衡发改价控〔2017〕6号）（以下简称为《限价通知》），今后将根据衡阳市房地产市场发展情况及上级文件精神，适时调整市城区新建商品房销售价格行为有关规定。

发布该《通知》的衡阳住宅与房地产信息网主管单位即为衡阳市住建局。截至记者发稿时，记者多次拨打衡阳市发改委和住建局电话均无人接听。

衡阳市限价令始于2017年年底，《限价通知》内容有八大点，其中的核心内容有以下三点：

一、市城区新建商品房实时销售价格明码标价管理。

二、开发企业要合理制定销售价格并申报。申报价格偏高或涨幅偏高的开发项目暂停办理预售许可申请。

三、开发企业自取得商品房预售许可证后，需在衡阳房产交易网向社会公布，公布价格为楼盘最高价格，开发企业不得擅自在实际销售价格中突破监制价格买卖。

中原地产首席分析师张大伟表示，从各地政策内容看，房地产调控2019年政策取向依然是从严为主，但之前过于严厉，部分城市楼市出现明显调整，局部市场会有政策微调的可能性。衡阳是一个典型的三四线城市，市场均价只有6000多，衡阳房价从2018年9月开始有所回落，当下市场继续维持限价的意义的确不大。但对于其他城市来说，购房者的预期可能出现微调，对房地产政策宽松抱有期待。

再次总结看懂财经新闻的四大原则：（1）特别关注坏消息；（2）专家的话要辨别；（3）分清投资和投机；（4）回归常识（核心原则）。据此来分析这条新闻，你首先应该判断"调整楼市政策"是好消息还是坏消息，这对于不同的人来说意义不同，但对于想贷款买房或做与房产有关的投资的人来说这显然是值得密切关注的一则消息。其次，这条新闻里出现的专家，避免不了主观成分，专家言论兼听即可。最后，关于投资和投机，炒房究竟是投资行为还是投机行为？银行收紧房贷，对你的投资有什么影响？在这种情况下，你该如何操作？其实，这些问题，都可以用最简单的常识来分析。

还记得我们对"投资"和"投机"的分析吗？如果你是在合理价位之上买入的，那你就进入了一场击鼓传花的投机游戏，赢得这场游戏唯一的途径就是找到下一个接棒的投机客。你的买房、守房和卖房行为是投资还是投机呢？请留意本章涉及的"租售比"的概念，给你的房产投资把把脉。

很多时候，人们不愿意听带有警示或悲观口吻的分析和建议，但往往真理就藏在这些"不动听"的言语中。在第二章，我们了解到"乌鸦嘴"经济学家虽然嘴不抹蜜，却常常提供给我们最有用的信息和最实在的建议。中国房价将何去何从？拐点到了吗？房产税究竟是个什么东西？买不起房的你到底该贷款买房还是租房？相信读完本章后，你会对这些问题有一些答案。

局地调整难成全国风向标

国家统计局发布的70个大中城市房价统计数据显示，2018年11月份一线城市新房价格环比微涨，但二手房价格持续下降；二线城市一二手房价格环比涨幅均与上月持平；三线城市一二手房价格环比涨幅均回落。截至2008年11月，全国商品房销售面积增幅降至两年来的最低点！

由此看来，这一轮楼市调控终于初见成效，一些地区房价快速上涨的势头得到遏制。但是，当前经济发展的内外部不确定因素增加，经济运行面临下行风险，在此形势下，部分地区的楼市调控政策出现松动：深圳市四大银行降低首套房贷上浮利率，广州放开对商业服务类物业项目销售对象的限制，山东菏泽取消限售政策，合肥悄悄松绑限购……难免让市场浮想联翩，国家会不会为了保经济而放松房地产调控？

对此，我的判断是，上述猜测不过是部分房地产利益相关者的意淫和部分媒体的炒作，大家不必多虑。这一轮所谓"史上最严"楼市调控恐怕不会那么快地转向全面放松。而对于局部地区的个别措施，应该具体问题具体分析，某些地方的政策变动属于对之前严厉调控矫枉过正的政策进行修正，是让一些短期的、不合理的行政措施回归市场，从这一层面来讲，还有很多地方应该对现行的调控政策比如限价进行修正；而像山东菏泽等属于三四线城市，不是主流，不能成为全国楼市政策变化的风向标；至于安徽合肥，据媒体报道，官方并没有发布书面文件，仅是口头（电话）通知，估计是在探高层的口风，摸政策的底线，如果此时中央再释放一次坚持房地产调控方向不动摇的信号，可能合肥相关方马上就会出来辟谣。

房地产绑架实体经济现状仍未改变

我认为，关于楼市调控会不会放松、该不该放松的判断，不应该从个别地方暧昧不清的政策调整来看（其中有很大的媒体炒作成分），而应该从以下几个现实问题来分析。

首先，我们要弄清楚，国家为什么要调控房地产市场？

过去20多年来，由于一些地区过于依赖土地财政，加之炒房资金大举涌入，导致房价畸形快速上涨，老百姓收入与房价比越来越悬殊。这不但累积了严重的房地产泡沫，为宏观经济健康发展蒙上一层阴影，更重要的是，楼市的抽血作用严重扭曲了实体经济。

从另一个角度来看，面对巨大的购房负担，民众未能享受到这20年来国民经济高速发展所带来的红利。根据某智库研究院发布的2017年全国35个重点城市房价收入比报告，如果一个家庭（注意，不是个人）想在深圳买一套房子，不吃不喝也需要39.64年；在上海，不吃不喝需要27.98年。买房压力如此之大，何谈人民群众的幸福感、获得感？

房价不仅绑架了实体经济，更绑架了多数民众的生活。显然，决策层早已认识到了这一问题，始于2016年9月30日的本轮楼市调控已经两年有余，其间虽多次出现局部政策微调引发的市场关注，但中央一再强调"房住不炒"，多次释放坚持楼市调控方向不动摇的信号。

其次，我们必须看到，本轮楼市调控的目标远未达成。

目前各地楼市销售及价格总体上只是增幅放缓，实际还在增长，即使有些地区出现价格回落，也是在长期快速高涨基础上的有限下滑。但与此同时，实体经济艰难的现状并未好转，就连以往风光无限的互联网虚拟经济，近期也出现了裁员潮。

如果此时各地考虑短期经济增速，打着"因城施策"的大旗动摇"房住不炒"定位，极有可能再次引发房价非理性上涨，使得近两年多的调控成果功亏一篑，进而引发更多、更大的"次生灾害"。届时，实体经济将更加困难，这显然是决策层不希望看到的。

没有房子就结不了婚吗？

新闻案例

租房结婚，你愿意吗？

《广州日报》　2018年10月30日

当下在东莞购买一套90平方米刚需住宅、商贷20年，月供仍需近8000元。而租住一套90平方米的住宅，月租金仅需2400元左右。对于工作没多久、收入不高的年轻人来说，是买房结婚还是租房结婚，对生活品质的影响虽然不一样。但是，越来越多的年轻人接受租房结婚的概念，加上目前购房者对市场的观望，东莞租房人数大幅上涨。相关研究机构的统计数据显示，今年上半年东莞租房成交量相比去年同期大幅上涨了71%，选择租房住的人数明显增加。

金信联行研究院分析认为，从租房成交量来看，2018年租房成交量总体在增加，一方面是因为楼市调控政策收紧，有购房资格的人少了，还有更多的人选择暂时观望；另一方面，中介行业因为新房市场冷淡，公司和业务员本身不得不把更多精力放在租赁业务上，促成了租房市场的成交量增加。

中国媒体曾做过一个"结婚是否必须买房"的调查，调查对象为100名已婚的80后，男女各50人。72%的受访者拥有自己的婚房，23%的受访者婚后与父母同住，仅5%的受访者婚后居住在出租房。对于"是否赞成租房结婚"这个观点，65%的受访者表示反对，其中女性占38%。她们认为，房子是爱情的物质保障，先买房子再结婚，生活才会踏实；如果租房子，就缺乏归属感，也就失去了生活的安全感，而且租房子结婚没面子，会被亲友笑话，所以结婚一定得有一套房子。在72位拥有婚房的受访者中，68人的婚房由双方父母完全提供或提供首付；61人有每月偿还银行按揭的压力；48人表示每月还贷之后，剩余可支配的资金有限，生活质量受到影响。

不知何时起，房子已经渐渐成为民生的首要问题。有人说，在当今中国，爱情和婚姻的现实不再是"有情人终成眷属"，而是"有房人终成眷属"。望"房"兴叹的工薪族绝望地发出呐喊："我们不要房子要生活！"

这个社会怎么了？没有房子的我们可以有生活吗？

吉米的烦恼

我的同事吉米是苏州人，上海交通大学的电子工程学士，出国前在上海工作，10多年前移民多伦多，找了半年工作没有合适的，于是进多伦多大学攻读硕士学位，毕业后顺利进入"加拿大的华尔街"——海湾街（Bay Street，所有加拿大大金融机构的总部都在这条大街上）。

某天一早，他突然走进我的办公室，一副心事重重的样子。

原来吉米的堂弟要结婚了。他堂弟大学毕业后去上海工作，几年前跟一个东北姑娘恋爱了。他俩月收入1.5万元，目前租了一套很不错的公寓同居，房租5000元一个月，日子过得很潇洒。按说结婚是喜事，吉米为什么闷闷不乐呢？

吉米说，他堂弟想把现租的公寓买下来，市价350~360万元，他堂弟向房东砍价到了300万元（恰好房东早就想卖了，而上海二手房市不佳，房东不想再等了……），首付75万元，父母、爷爷奶奶、外公外婆掏空所有的储蓄赞助他，已经凑齐了65万，就差10万元了，现在堂弟开口向他借2万加币。借吧，要是多伦多房价跌下来，自己也想买房，但钱不够了怎么办；回绝吧，到底是一家人，实在开不了这个口。

我一算，不对呀！300万元售价除以5000元月租，售租比为600，而合理的售租比最多不超过200，这足足超过了三倍！单按这个金融标准算，上海的房价泡沫太大了，租房实在太划算了！为何吉米的堂弟非要买呢？

吉米听罢说再与堂弟去沟通。几天后他又走进我办公室诉苦，原来他堂弟和女友已同居多年，就是因为没有自住房而结不了婚。丈母娘下了最后通牒：不买房子绝不能结婚！

我不理解地反问：新房为何非得买呢？在北美，大多数新人结婚时住的都不是买来的新房，而是租房住。而且据亲友告知，现在国内新房的设计寿命一般定在30~40年，最多50年，而这房子至少已有10年房龄了，也就是说，最多40年后这房子就将变成一堆废墟。花300万元（别说还要付银行利息了）住40年，每年合着也要7.5万元，已经超过租金了；其次，假设将300万元存入银行，用一年利息收入来付房租也绰绰有余；最重要的是，从投资的角度来看，所谓拥有房地产，指的是拥有土地。然而在目前的中国，个人是不能拥有土地的，即使买了房子，也不过拥有最多70年的住房使用权而已。因此，对中国人来说，不管是买房还是租房，其实区别只在租用时间的长短而已，谁都不是房子的真正主人！

吉米说："这些我也都知道的呀，我也解释给堂弟听了。但我叔叔第二天来电话开口就说'我们这一房不能断子绝孙，借还是不借给句痛快话'。"看来吉米要"胸闷"一阵子了。这钱借了出去就别指望还回来了，成了"房奴"的人，哪还有钱还吉米呢？

道格拉斯的遭遇

房子问题真是害人不浅，将太平洋两岸的老百姓折磨得死去活来。

在这一轮经济危机中，无数的美国家庭因无力继续支付房贷，被银行或贷款机构强行没收房产。屋主因此丧失抵押房屋赎回权，但银行没收房产并非完全合法。美国银行发生的"机器人签名"丑闻，暴露了这一问题的普遍性及严重性。

美国有线电视新闻网报道过一个故事：20年前，道格拉斯从牙买加移民美国，落户在奥兰多市，他的贷款噩梦和大多数美国中产阶级一样，至今仍被困在糟糕的贷款政策和经济危机中。10年前他办理房贷按揭时，由于信用背景差，无法获得银行的固定利率，结果只能从其他金融机构获得相当高的贷款利率，头两年为8.1%，之后每半年上调一次，且只能上调不可下调。

不料经济危机袭来后，他丢了工作。在没有收入的情况下，银行同意"重整贷款"。道格拉斯原以为重整后每个月的按揭会减少，结果却不减反增，他唯有停止供款。给他发放"高利贷"的金融机构是Seminole Funding。就像许多次贷机构那样，他亲手签字的贷款借据被7个金融机构转手"证券化"，经华尔街重新包装后，变成了"贷款债券"。这个债券被购买和出售了5次，"游历"了纽约、加州和明尼苏达州后，最终落脚在佛罗里达州的坦帕市。

在道格拉斯违约拖欠两年房贷之后，银行向道格拉斯发出"没收房屋"的通告，并雇用廉价的"催搬手"，在地区警长的协助下，以冷暴力的方式把他赶出家门。当然啦，拖欠了两年房贷，道格拉斯一家早已处于惶惶不安的状态，哪里有胆量要求银行出具原始借据来研究"没收房屋"的合法性？一家人在惊恐中把房屋钥匙老老实实地交出去，然后哭泣着收拾家当离开曾经温馨的家。

道格拉斯只是数千个"机器人签名者"之一。他的原始贷款凭证在历经美国境内的"游历"后"失踪"了。法律专家认为，这种程序背后，银行没收房屋其实是非法的，但又有多少人知晓呢？在经历了数月的追踪后，美国银行的办事员到富国银行仓库，花费4小时，终于找到由道格拉斯签字的借据。美国银行重新检查了贷款，看能否给道格拉斯另一个重组方案，但审查结果表明他不符合资格，此时银行有了原始凭证，看来道格拉斯注定要失去房产了。

虽然道格拉斯的遭遇令人同情，但对未来潜在的购房者不能不说是个警示。无论在北美还是中国，很多人都以为买房是积累财富的最佳方式。大家觉得拥有一套住房既能自住又能增值，而租房则亏大了，付出去的真金白银全在为他人做嫁衣裳。而事实上，买房自住完全只是一种生活方式的选择，是极其奢侈的一种消费，至少在北美就是如此。不信的话，请看购买一栋独立洋房30年还清贷款的消费成本：假设2007年一栋独立洋房的市值为290000美元，首付款为20%，即58000美元，贷款额为232000美元，利息按年息6.41%计，为291000美元（税后），地产税为195000美元，保险费按6000美元/年计，共180000美元，保养费按300美元/月计，共108000美元，30年的屋顶维修费和装修费共300000美元，购房总成本1074000美元！

从上面的计算可以看出，买一栋30万美元的独立洋房，居住30年的成本超过100万美元。如果是公寓大楼的话，还要加上管理费，成本将更高。从投资的角度来说，即使30年后房价涨至100万美元，也并没有带来投资回报。

在中国，一套像样的公寓动不动就要两三百万元，在北京、上海、杭州更动辄超过500万元，购房者非但不能拥有土地，而且最多只有70年的住房使用权。**所以对中国人来说，买房和租房的区别只在于租用房产的时间长短，**

不管是买房者还是租房者，谁都不是房子的真正主人。因此，你在不曾拥有土地的情况下购买房子，实际上比买钻石更奢侈。一旦人们失去对土地的所有权，房子本身与一堆水泥、钢筋之类的建筑材料没什么两样，就像购买汽车，钥匙一到车主的手里，车便立刻折旧。

事实上，在欧美，租房而住者比例甚高，特别是在大城市，租房者超过50%。普通百姓切忌被"买房是最好的投资"的论调所误导，不要令自己一辈子成为房贷的奴隶。对于是否拥有自住房，应该摆正心态：有能力就买来住，为的是改善生活品质，享受拥有的快感；经济能力不够的话，千万别勉强，为房子丢了爱情更是不值得。没有房子也完全可以有自己的生活。换一种生活态度，租房住也可以活得潇洒快乐，而且在财务上还将获得更多的自由度。

房产税究竟是个啥？

新闻案例

列入人大立法规划，房地产税要来了？

《北京商报》 2018年9月10日

不断放出风声的房地产税有了时间表。近日，十三届全国人大常委会立法规划公布，包括房地产税法在内的69件立法项目处于第一类，即条件比较成熟，拟在本届人大常委会任期内提请审议，即五年内提请审议。不过，房地产税征收的难度、当前国民的负担能力，国内产权的复杂性等问题，五年里这些艰难的议题能否顺利攻关都还是未知数。

一字之差

此次列入五年规划的一类项目有69件，即条件比较成熟、任期内拟提请审议的法律草案；二类项目有47件，即需要抓紧工作、条件成熟时提请审议的法律草案；三类项目是立法条件尚不完全具备、需要继续研究论证的立法项目。其中，房地产税法被列入一类项目，即条件比较成熟、任期内拟提请审议的法律草案，由全国人大常委会预算工委和财政部负责。

房地产税终于有了眉目。在北京大学法学院教授、中国财税法学研究会会长刘剑文看来，比起此前在上海、重庆试点的房产税，房地产税多了个"地"字，但是难度由此极大增加，怎样处理好土地出让金和房地产税之间可能存在的重复征税的问题，是现存的一大难点。房地产税是一个综合性概念，一切与房地产经济运行过程有直接关系的税都属于房地产税。这也意味着，"房产税"其实是"房地产税"的一个组成部分。

"目前，我国对房地产征收的税主要集中于流转环节，一般有营业税、城市维护建设税、土地增值税、契税、印花税、所得税6种，有时还有带有附加性质的教育费附加等，但在保有环节，除了城镇土地使用税和对个人所有非营业房产免税的房产税，基本没有针对居民住宅保有环节所征收的税。"太平洋证券宏观分析师肖立晟表示。作为保有环节的重要一环，房地产税正是补齐立法框架内缺失的重要一环，针对保有环节开征房地产税的主旨既是为了完善税制，也是为了补上财产税的缺失。

从2016年开始，财政部长楼继伟就在G20会议上表示，会义无反顾地改革房地产税制，唯有这样才能更好地解决收入分配问题。征收房产税引来了民间的各种争议，有人甚至质疑，房产税究竟是打击为富不仁者还是打击普通老百姓，抑或是一种变相的掠夺财富？以往调控政策的结果往往是房价越调控越上涨，那么征收房产税会起作用吗？

在谈房产税之前，我们先谈一下完全拥有地权和土地租借权的分别。

在欧美买房，有时候会遇到所买房屋是否"完全拥有地权"（freehold land）或者属于"土地租借权"（leasehold land）的情况。有时候买家买下了房子，但最后并不完全拥有土地。

购买土地租借权（leasehold land）这种类型的房子，买家不能永远拥有土地，通常有个时间的限制，比如99年。也就是说，你有99年的时间租借该土地，99年后，该土地还是会回归原来的主人。

这种土地租借权的房子，一般来说，价格比完全拥有地权的房子要低很多。

完全拥有地权（freehold land）指房屋买家购买的物业，包括土地和房子，都完全属于买家所有，没有任何时间限制。

完全拥有地权的物业可以包括独立房屋（single family house）、城市屋（townhouse）、公寓（apartment condo）。完全拥有土地权的物业，也有可能会被政府征用土地或者征用部分土地（easement），作为建筑公共设施用，比如，建设高速公路、地铁等。

一般来说，完全拥有地权的房子的价格比只拥有土地租借权的房子要高很多。

什么是房产税

在欧美，房产税（real estate taxes）通常被称为物业税（property taxes）。而物业税可以分为两种类型：一种是不动产税（real property taxes），对包括土地、改善结构或附属建筑等征收；另一种是个人财产税（personal property taxes），对不包括土地的房产、汽车、商业及工业设备等征收。

在这儿，不动产是一个民法概念，它所定义的是土地及在土地之上的房屋等不可移动、有固定地址的建筑物；而在基尼斯系数中，物业，即房产（不包括土地）属于最奢侈的消费品之一。目前中国所指的房产税，就属于后者。

在美国，每个州对物业税和个人财产税都有详细的法律定义。通常由当地政府（市级或县级）对房产征收物业税，各州的税率也不尽相同，依照房产的价值在0.2%~4%之间。

而物业的税率由两个因素来确定：改善结构或建筑的价值，以及土地或地段的价值。物业税主要用来支持当地的教育、警察/消防、地方政府、一些免费的医疗服务，以及地方的基础设施……

在中国，收入初次分配机制还不够公平，造成了巨大的贫富悬殊，最显著的体现就是不同的阶层，在房产占有上表现出财富的巨大差距，使大家的焦点都集中在了房子上。

针对当前中国楼市的状况（比如房价过高），对是否应该征收房产税，以及如何征收，各方的争论相当激烈。我个人认为，房产税的政策如设计执行得当，可以使房价理性回归，并可促进中国经济可持续地健康发展。而如何抑制贫富差距过大的问题，税收是最温和的手段，也是妥协的产物。

因此，征收房产税应该以加重持房成本、遏制投机炒房为目的——逼出空置房，而不该加重房奴的负担。也就是说，对自住房不该征或少征税；对拥有第二套以上尤其是空置房的应该加大税率，以阶梯式征税的方法加大持房成本，逼着炒房者要么卖出，增大房屋供应量，以降低房价，要么出租，加大租房市场的供应量来平抑房租。

比如，就前几年被炒得沸沸扬扬的"房姐"事件来看，假如对"房姐"

囤积的一万平方米的楼房加以征收房产税，如果按每平方米3万元、每年2%的房产税来计算，每年就将缴税600万元，"房姐"的持房成本将大幅提高。

不过许多人担忧，开征房产税会伤及普通百姓，比如房产税是否会提升房租，或提高房价？这种担忧是有道理的。不过，房产税和个人所得税一样，关键在于起征点。假如你的工资收入未到个税的起征点，个税根本和你无缘。而如果将房产税从第二套甚至第三套房为起征点，并实施阶梯式税率，则房子越多，税率越高。

事实上，租房市场是个有效市场，只有供不应求，房租才会上升。而实施房产税，恰恰可以增加住房拥有者的持有成本，逼出大量的空置房进入市场，或出租，或出售，不仅会迫使房价理性回归，更会降低租房价格，能使普通百姓受惠！

另外，以欧美的经验，每年房租的涨幅都受到政府限制。如果中国在房产税出台的同时，政府也能同时限制房租的涨幅，并将房产税的一部分用于廉租屋的建设，房租就更没有上涨的可能了！

事实上，中国政府早就意识到房产过热的弊端，宏观调控也已多年，但为何楼市泡沫一直挤不掉呢？我认为是调控手段不给力。而开征房产税是见效最快也是最方便的操作调整方案：向空置房征收高额房产税，如此政府既可以快速获得大量税收，还可弥补因地价下跌带来的财政损失；以此杜绝投机炒房，根治高房价带来的各种弊病。他山之石，可以攻玉。只要中国结合自己的特殊情况，巧用房产税，房价的理性回归是完全可能的！

租金反映真实的供求关系

我对北美的楼市颇有研究，先谈谈美国楼市的情况，就拿美国楼市当作中国楼市的一面镜子吧。其实，美国从英国殖民地到美国独立直至1971年之前的那300年间，房价一直维持在家庭年平均收入的1.6~1.8倍。普通家庭一般不用借贷，只需存几年钱，就能买下一栋属于自己的房子。

然而，到了1971年，美元与黄金脱钩了。于是，从理论上来说，美国可以无限制地印钞票。这时，政府作为监管功能的角色开始丧失。放松金融管制的国策始于里根政府，并伴之以寻求保守的传统价值观和恢复自由市场的口号，因此被称为"里根革命"。这一"革命"之举又被布什和克林顿政府进一步推向了高潮。金融机构知道发大财的机会到了，他们一改严格审批贷款的政策，忽悠百姓借贷买房。也就在那时，"用明天的钱圆今天的梦"的口号开始出现。于是从1971年开始，美国房价的上升逐渐超过了收入的上升，两者比值从1.6倍一路上升到3倍、4倍、5倍、6倍……而随着2008年金融海啸发展为金融危机，美国房价一路下跌，许多地方已经跌去了50%以上仍未见止步。在这次金融危机中，无数美国人怀揣"今天的梦"，但在第二天醒来时看到的居然是残垣破壁——房子被银行收去拍卖了。

如果大家都不靠借贷，那么房价的涨跌就只能随着收入的涨跌上下起伏，反映的是合理的供求关系，就像房租那样。在过去10年里，中国房价一路飙升，上海平均房价从每平方米7000多元涨到2018年的50000元上下，而房租虽有上涨却远未跟上房价的步伐。这是因为租金不能借贷，必须支付现金，租金所反映的是真实的供求关系。

楼市和股市不完全相同，但也有相似之处。一旦投机者退出，房价跌起来也是非常可怕的，会一路下跌，直至回归合理价位——也就是最权威的房价与房租之比。

欧美房价为何涨不上天？

我们在前文提到过国际最权威的租售比：房价除以月租金即为租售比，超过160倍则是泡沫的开始。如果以这个租售比来衡量，即使在2005年，国内一线大城市就已经有泡沫了。但也就是从2005年开始，中国房价开始疯狂飘升。虽然政府不断出台调控措施来抑制房价，可房价越调越涨。然而在美国，即使在次贷危机爆发之前房价处于最高位时，租售比也只刚超过200倍而已，比之上海、北京的500~800倍以及高档公寓和别墅的上千倍来说，简直不值得一提。为什么中国的租售比和欧美国家相差巨大，这和是否征收"房产税"很有关系。

欧美普遍征收高额房产税。在欧美，只要是私人的房子，即使房屋的主人已经去世，也必须缴纳房产税，每年缴纳的税率从1%~3%不等，平均为2%。假如你花20万美元买了一栋房子，那么，你每年就要为这栋房子缴纳4000美元的房产税，且房产税的征收是根据你所拥有的房子的实际价值来征收的。也就是说，房价越涨，房产税越高。如果税率为3%的话，哪怕房价不涨，每33年（即使不算贷款利息）你的实际付出便已超过了房价的一倍。

举个我好朋友的例子，为了让孩子能在好学区受教育，夫妇俩12年前在纽约上州买下一幢市值50万美元的房子。这栋房子与比尔·克林顿总统退休隐居的地方在同一个社区，可以算是克林顿夫妇的邻居，可见地段之好。前几年房价猛涨，他们房产的市价一度高达100万美元。

有一次聚会相见，我恭贺他们成为"百万富翁"了！没想到他们苦笑道："有什么好祝贺的。这几年物业税随着房价年年涨，本来1.5万美元的税，现在房价升到100万美元，每年要交3万美元的税。再这样下去，明年我们可能就住不起啦！"他们话音刚落，"幸好"房价开始下跌，目前他们房子的市值已回落到六七十万美元，夫妻俩这才松了口气。

房产税在西方已实行多年。在北美，房产税税率按不同地段有所区别，房主每年将房价的1%~3%的税金缴给政府。很显然，房地产税的"奥秘"就在于随着房价的上升税额也跟着上升，一直升到房主付不起为止。

付不起怎么办？无非两种选择：房主最后要么卖掉房子搬离喜爱的区域；要么将卖不掉的房产乖乖地、无偿地奉送给政府。"房产税"真可谓是劫富济贫的一把利剑。

控制房价借鉴欧美经验

虽然无法完全把欧美调控房价的策略照搬到中国来，但我们仍然可以从欧美的经验中看出一二。

在欧美，房子和汽车一样属于消费品，并不是投资品，房价是计入CPI（居民消费价格指数）加以计算的。所以，一旦房价高涨，CPI超过5%的话，便属于恶性通货膨胀，政府就非得出重手。比如在里根时代，美国经济一度恶性通货膨胀，里根政府便连续加息，一直加到18%，硬生生地控制住通货膨胀。同时，因为借贷成本太高，房价应声回落。

欧美政府在征收高房地产税之后，提供大量各种类型、租金稳定的房子，使大多数民众并不需要非得购房而居。在德国，有高达57%以上的人一辈子租房而住。即使在地广人稀的美国，在次贷危机爆发之前，拥有房子的屋主打破历史最高纪录，可依然有超过33%的人租房而住。在欧美，租房还是买房，对大众来说只不过是对生活方式不同的选择而已。无论在理财还是其他方面，并无优劣之分。

如果真想调控房价，欧美平均2%的房地产税是一个控制房价的平衡器。此外，房贷利息的随时上涨以及政府为"劫富济贫"所推出的大量廉租屋也是两大抑制高房价的方法。升息的结果就是收紧信贷，斩断了"血液"的供给。华尔街有一个模型，房贷利息每升1%，房价就会下跌5%~10%。真所谓"成也萧何，败也萧何"——当初吹大房市泡沫，就是低息放松信贷立了"头功"。

这三种利器糅合在一起，好似绞索一般套住了房价的恶性攀升，所以，欧美的房价不可能像中国那样疯涨。他山之石，可以攻玉。如果中国希望遏制投机炒房，使房价回归理性的水平，不妨全面借鉴欧美这三个方法。

国外征收房产税案例

美国：征收个税和不动产税

在美国涉及房产的税主要是个人所得税和不动产税，而买卖过程中几乎涉及不到其他税。每年的春季由房主自己报税。房产如果持有两年以上（以过户时所发的房契时间为准）再出售的，夫妻俩可以有50万美元的免税额，即如果房产增值没有超过50美万元就可不缴税；而单身的免税额在25万美元。如果超过此数目，联邦政府要对涨价部分征20%的个人所得税，如果持有时间不满两年，两者涨价部分全部要交20%的个人所得税。但装修以及其他改进房屋的费用和贷款利息可以予以扣除。

此外，拥有房产后房主需每年缴纳不动产税给州政府。各州税率有所不同，征收幅度为房产价值（政府一般每两年左右评估一次）的1%~3%，分两次付清。

法国：按土地出租价值征税

在法国，房地产税的征收依据是土地的出租价值，包括"未建成区的地产税""建成区土地税"和"住宅税"。按规定，"未建成区的地产税"由空地的所有者缴纳税金，其税金减免部分是20%；"建成区土地税"由建筑物（住宅或其他建筑物）的业主缴纳税金，其租金减免部分是50%；"住宅税"由住宅居住者缴纳税金，但没有减免部分。

在上述三类房地产税中，前两类是由业主缴纳，后一类由居住者缴纳；由业主缴纳的两类考虑了业主的成本，因此有减免部分，而由居住者缴纳的一类则没有减免。

韩国：征收综合不动产税

韩国政府在2005年征收"综合不动产税"之前已经出台财产税。比如一套市值1亿韩元（现韩元兑人民币汇率约183∶1）以上的住房每年要征收0.5%的财产税，不过由于征税的标的房价不到市场价的50%，所以实际税率只有0.2%左右。

综合不动产税是在财产税之上额外征收的，韩国政府把税款分配到各个地方政府，帮助缩小地域之间的经济发展差距。征税对象是市值6亿韩元以上的住房，税率是1%~3%。但由于征税的标的房价是市场价的60%~70%，实际税率要低很多。2007年，综合不动产税实际税率达到了最高峰，为0.87%。从2008年韩国政府开始实行减税政策，调整了综合不动产税，把征税对象上调到市值9亿韩元以上的住房，把税率下调到0.5%~1%。

荷兰：鼓励出租分类课税

荷兰对房屋课征[1]的税收有两种：第一种是房屋消费税，对房屋使用者课征；第二种是地方政府课征的财产税，主要课税对象是房屋。另外，中央政府征收的净值税也包括对房屋征税。

房屋消费税的纳税人是房屋消费者或使用者，包括自用房屋和租用房屋的人。税率是比例税率，计税标准为房屋租金和房屋内使用的家具的价值；允许从租金中扣除一定数额，就剩余额课税。

财产税属地方税收，对象包括土地、房屋等不动产和某些动产，主要课税对象是房屋，故对许多土地有免税规定。房屋价值由地方政府参照房屋的市场价值评估确定，税率由各地政府自定。

中央政府征收净值税的对象包括个人住宅和营业用房。对营业用房有减免规定，13.1万荷兰盾以下的房屋金额免税，超过13.1万荷兰盾以上的部分减征40%的税款，减免税额最高不得超过58万荷兰盾。对以房屋租赁维持生存的低收入者给予减税照顾。对营业用房及低收入者有减免规定，但对个人住宅则没有。这种税收政策尤其鼓励低收入者出租房屋。

加拿大：100%物业征税

温哥华地产财政的主要来源是地税（物业税）收入，约占总财政收入的58.4%。地税不是根据土地面积征收，而是按物业的总价值（土地和房屋）的

1　课征是税收上常用的一种书面用语。多指征收过程或程序。课就是片的意思。

情况，按不同税率征收，以此抑制贫富差距无限拉大，并通过对贫苦居民的福利补贴来保持社会的基本平衡。

温哥华市政府对物业管理非常严格，对房地产每年评估一次，评估由政府主持，费用也由政府负责。根据业主的不同情况，征收土地和房屋的评估总值的0.5%~15%，自己居住、自住加出租、商业性等不同用途的地产，其房地税也不相同，对拥有第二套住宅的人还以高税率征收。

新西兰、澳大利亚：不动产税率最高为1%

新西兰和澳大利亚买卖房屋时也不涉及什么税，只有卖家涉及个人所得税。如果一个人拥有几套房产，税务部门就会对其格外关注。在每年3月报税时，对获利隐瞒不报的，处罚非常严，甚至会责令坐牢。不动产税则是政府根据房屋的占地面积和每年进行评估的房屋价值按0.3%~1%征收。

德国人为何爱租房，不爱买房？

新闻案例

德国人为何偏爱租房

《北京商报》 2017年3月2日

德国房屋租赁市场以居民偏好租房、租赁市场完善、租金管制规范著称。业内人士认为，完备的法律法规使住房市场租赁双方的权益都得到有力保障。

科勒是一名德国高级工程师，月收入超过1万欧元。他告诉记者，虽然自己有能力购置房产，但由于工作地点一换再换，选择租房给了他很大的灵活度。此外，由于不用背上沉重的房贷，每年都会与家人去国外度假至少两次，这样的生活比买房还贷的生活质量更高。

与科勒一样，很多德国人都愿意租房。同其他国家相比，德国住房拥有率相对不高，租房成为许多人的首选和住房市场的重要内容，这与租客和房东得到法律保护密不可分。据安家置业德国房地产公司总经理张琳介绍，德国对租金的管制有严格规定；在大城市住房缺乏的情况下，德国对旅游短租也加以控制，比如首都柏林的屋主不得擅自将自有房屋以旅游短租目的向外出租，违者将被处以数额极高的罚款。

德国非常注重保护租客的合法权益，无论在居住环境方面还是在基础设施及住房质量等方面都有严格把控。只要居民合法纳税，租房者与买房者享受同等的公共权益。根据德国相关法律规定，多数情况下房东无权随意解除租赁合同，除非房东自用。因此，大多数租客会与房东签订五年甚至更久的租房合同，以期减小房租上涨带来的额外支出。同时，德国租客在搬入只有四面白墙的空房子后会出资装修房屋、买家具，把租的房子当成"自己的家"。

在租赁市场交易环节，德国的相关法规也充分照顾租客权益。张琳介绍，德国近年发布的相关条例规定，租房中介费改由房东承担，租客只有在专门授权给中介找房的情况下才需要负担中介费用。

当然，房东的合法权益也会得到足够保障。以德国租房较难的城市慕尼黑为例，一旦有好房出租，房东将首先要求获得有意承租者的重要个人信息，包括工作证明、个人征信记录、前房东推荐信等。在退租的时候，房东有权要求租客还原房屋，包括粉刷墙壁、修理地板等。

> 如果租客连续两个月没有把租金付全，业主可以要求租客搬走，通过法院强制执行的费用约为3000~6000欧元。张琳表示，由于成本较高，很多房东只有在万不得已的情况下才会采取这种方法。
>
> 此外，租客在租赁关系开始前一般会交纳3个月房租作为押金；对于名下出租房屋较多的房东，在德国可以购买保险，以降低房屋空租情况下的损失。由此可见，全面平衡考虑以保障租客和房东双方权益也是德国维护良好租赁关系的做法。

中国有一句老话，叫"居者有其屋"！

这句话有多种解释，其实，租房而居也可称为"居者有其屋"，不过很多人不同意。反对者认为：在一个和谐的社会，大部分人需要拥有属于自己的房子，这个房子不能是租的。只有拥有了自己的房子，人心才会安定，回到家里才会有归属感。

上述的"居者有其屋"之诠释，可能是一个事实，但是，这个诠释并不全面——租房与自己拥有房子，只是选择不一样的生活方式而已，租房而居不一定就缺乏归属感，而且租房也可以维持和谐的社会。

德国人为什么不为买房而烦恼？

大多数德国人不会为了买房而烦恼，这是一个不争的事实。归根究底，是因为在德国居住自有产权的房子，不像在美国或英国那么重要。德国的房屋拥有率在发达国家中排名是最低的。

经济合作与发展组织（OECD）的数据显示，2013年德国的房屋拥有率仅为43%，到了2015年也只有51.8%（而同期美国是64.5%，英国是64%，加拿大是67.6%，日本是61.6%，法国是65%，意大利是72.9%，中国2014年是

90%）。

这在一定程度上是由历史原因造成的。

因为德国的许多城市在第二次世界大战中被摧毁，战后自然需要建造房屋。在政府慷慨补贴的扶持下，公共、合营与私人开发商仅用几年时间，便建造了数百万套出租房；同时，租房市场受到严格监管，租户受到一整套法律的保护。

比如，大多数租房合同都是没有固定期限的，只要按时交房租，房东几乎无法终止租房合同，租房是一种绝对舒适的选择。

其次，抵押贷款融资也很重要。在德国，房地产贷款通常不像其他国家那么容易获得，贷款提供方一般要求贷款者至少支付20%甚至高达40%的首付。这就导致了抵押贷款的再融资——英美两国借款人对于利率下降的通常反应——在德国几乎不可能实现。消费者在自家房产升值后，再次贷款的情况也很少见。因此，降息效果传导至整个楼市系统所花的时间要比英美市场长得多得多，也就是说，降息导致住房市场繁荣的可能性的概率极低。

德国央行的数据显示，尽管利率超低，但2013年私人家庭住房贷款额仅增长2%。除东德地区房价曾短暂上涨外，德国在第二次世界大战后从未出现过大规模的全国性房地产繁荣，也正因如此，德国经济也长期保持着可持续健康发展的趋势。

尽管这些数据可能稍显陈旧，不过，房屋所有权的拥有率对健康的经济而言，是一个重要的指标吗？经济学家格什温曾写道："它不一定如此。"就好比德国的房地产市场所展现的那样。

在西班牙，大约80%的人拥有自己的房子。但是，由于巨大的房地产泡沫破裂，失业率接近27%。反观德国，只有51.8%的人居住在自住房内，德国失业率仅为4%左右。

德国人为什么爱租房？

虽然德国人倾向于租房而居？然而事实证明，德国在20世纪30年代末和40年代后期，房屋租赁市场遭遇过极其不愉快的经历。

在1945年5月，当德国无条件投降之时，德国20%的住房是瓦砾。大约有225万套房屋不见了，另有200万人受伤。1946年的一次人口普查显示，最终（西德）需要增加550万套住房。

当年的德国，破烂的不仅仅是房屋，经济也是一团糟。金融市场融资无效，货币几乎毫无价值。德国人如果想要有地方居住，政府的住房计划是民众唯一可依靠的。

1949年西德成立后不久，政府推行了第一部住房法，旨在促进房屋的建设："就其功能、尺寸和租金而言，目的必须适用于广大民众。"

在政府慷慨补贴的扶持下，以及与税收减免相结合，公共、非盈利和私人开发商仅用几年时间就实现了住房建设的蓬勃发展。到了1956年，西德住房短缺现象减少了一半，1962年短缺数量约为658000套。绝大多数新住房都是租赁的。

为什么呢？

因为潜在的买家极少。德国的抵押贷款市场非常脆弱，银行要求购房者投入巨额首付才会发放贷款，而只有少数德国人有足够的钱。

值得注意的是，德国并不是第二次世界大战后唯一出现住房危机的国家。英国也有类似的问题。英国政府也以大规模的支出来推动住房建设。然而，英国的房屋拥有率约为64%，远高于德国，民众并不乐于租房而居。

为什么会这样呢？

因为德国的租房市场更为合理。经济学家认为与其他许多国家相比，德国的住房政策在政府参与和私人投资之间，取得了更好的平衡。

例如，当英国政府给予住房补贴以鼓励战后重建住房时，只有公共实体部门、地方政府和非营利性开发商才有资格获得这些资助，这有效地将私营部门挤出了租赁市场。

在德国，公共政策的作用是遵循第三种方式，在以"严厉的干预使市场崩溃"和"以不受控制的方式扼杀崩溃"这两者间，找到敏感的平衡点。

但是，英国对公共住房的开发商施加了严格的租金和建筑成本上限。在这些限制下，住房的质量受到影响。随着时间的推移，公共和私人融资建设之间的差异变得非常明显，以至于基本上由公共资助的出租住房获得了一个带瑕疵的称号——穷人的住宅。

此外，德国放宽对租金上限的监管也比其他许多国家早。与此形成鲜明对比的是，英国对租赁住房的严格管制一直延伸到了20世纪80年代，令业主减少了对房屋的维护，并造成住房质量的进一步下降。

当然，由政府推动的所有这些政策设计，其中的细节很耐人寻味。不过对于德国租房的普及，可能有一个更简单的解释，那就是租房相对于其他国家来说，很便宜。

为什么在德国租房而居很便宜？

首先，即使德国的政策可能比其他国家稍微平衡一些，它的租赁市场仍然受到强有力的监管；而且这些法规对租户来说相当有利（鉴于德国强大的政治选区租户代表，这应该不会太出人意料），例如，德国法律规定，州政府三年内租金上涨不能超过15%。

其次，还有一个非常简单的原因使得德国人不想拥有产权房——因为政府并不鼓励。在德国，拥有房屋几乎得不到任何补贴。德国与西班牙、爱尔兰和美国等高房价的国家不同，德国不允许房主从税务中扣除抵押贷款利息（关于欧美税务体系的细节因篇幅有限，不赘述）。如果没有税务扣除的优惠，"拥有"和"租赁"在税务上的利弊就显得毫无差别。

　　德国的相关法律规定使得房屋租赁市场的供应量稳定，租金涨幅很缓慢，房价上涨速度也非常缓慢。而且很多人购房的主因之一是为了避免房租的过快上涨，而德国租金的缓慢上涨，也是导致购房者减少、房主拥有率下降的主要原因之一。

　　另外，还有一些因素对德国健康的住房市场也有着不可磨灭的贡献。例如，德国银行厌恶高风险，使得购房者越来越难以获得抵押贷款。

　　其实，德国人在住房上的支出（按照可支配收入的百分比）并不比房地产疯狂的国家低，比如美国、西班牙和爱尔兰。但鉴于近年来美国、西班牙和爱尔兰遭受的经济冲击，德国的住房方式现在看起来更是相当不错。

　　德国人清楚地知道他们国家的住房系统是如何运作的。经济合作与发展组织的数据显示，超过93%的德国受访者表示，他们对目前的住房状况感到非常满意。这比爱尔兰人和西班牙人——房屋所有权传播更广泛的国家的人民看上去更加幸福。

　　上面主要谈了德国的房屋租赁市场，而国外有很多城市特别是大城市中的大多数人也都是租房而居，而不是拥有产权房。

　　如我曾经居住过六七年的纽约曼哈顿。

　　众所周知，纽约曼哈顿是全球最富有、最有活力的城市，更由于联合国总部设在其中，甚至有"世界之都"之称。不过，可能很多人不知道，在曼哈顿高达90%以上的居民都是租房而住。

　　曼哈顿的房价之高令人震撼，一套百万美元以上的公寓稀松平常。我在曼哈顿生活的那些年，一直租公寓居住。最后那几年每年租金超过3万美元（当时合20多万元人民币）。国内好些亲友大惑不解，时常问我为何不买房，每年20多万元（的租金）不是"白扔了"吗？当我告诉他们在曼哈顿就是百万年薪的华尔街大鳄、银行家都在租房而住时，亲友们的第一个反应是我在"忽悠"他们。

　　事实上，曼哈顿的房产税高达3%，如果买下当时我所租的公寓，至少要一百万美元，每年单交房产税也要三万美元，再加上每月几百美元的管理费，一二百美元的水电费，从金融角度而言，根本是"得不偿失"，这也就是为何90%以上的曼哈顿人甚至一辈子都租房而住。

宋美龄女士当年居住在中央公园边上的那套顶层复式公寓，价值七八千万美元，每年房产税要交二百多万美元，就是送给你你也住不起。

可能也正因为这个原因，20世纪初，纽约市区人口大约为800万，今天还是800万，真可谓"铁打的营盘流水的兵"。每天不断有新移民进入，同时也不断有相当数目的"旧"人离开。而且，曼哈顿的活力就在于人口的不断流动。

哈佛大学的一项研究结果指出，一般而言，要维持一个城市（或地区）的活力，租房和买房的比例在1:1时最佳。年轻人特别是单身人士和无孩子的夫妇适合租房；只有孩子多的家庭才适合买房。住房拥有率太高的地区，其发展速度往往会下降。

经济学家安德鲁·奥斯瓦尔德更明确指出，在美国和欧洲，拥有住房的比例与失业率成正比，那些拥有住房率更高的地区，失业率也更高，因为拥有住房把人们固定在了一个地区，迫使他们在当地寻找工作，无论他们是否有适当的技能，也无论这里的经济是处于繁荣还是衰退。之前提到的德国和西班牙的住房拥有率和失业率，正好印证了这一点。

总之，但凡一个城市（或地区）租房率高，其房屋租赁体系或多或少和德国类似，特别是对租房客的各种优惠。也就是说，剖析了德国这一只"麻雀"，也就基本了解其他国外大城市的情况了。

有什么你不知道的租房经济学？

新闻案例

2亿租客新困扰：个税抵扣几十块，房租上涨几百元

中财网　2019年1月9日

真金白银还没有落袋，忧虑倒来得痛快直接。

眼下，数以万计的租房客们正面临着"个税抵扣几十元，房租却上涨几百元"的困扰。不少租房人在填报住房租金信息时遇到阻碍。

个人所得税专项附加税抵扣除政策1月1日正式实施，包括住房租金等六项专项附加税抵扣可谓新年大礼包。孰料，这竟演变成了租客和房东之间的博弈。

在北京工作的小杨便是这样一例。最初，小杨得知个税改革时满怀喜悦，他盘算着每月到手的工资会多一些。但当他联系房东，希望获得对方信息以填写个税专项附加扣除信息表时，却是一波三折。

先是房东压根不回复，回复了又借口说忙。几天过后，在小杨反复拨打电话之后，房东给他发来一个陌生人的姓名和身份证号。

小杨这种结果算是好的，很多租客直接被房东怼回去：

"你要是申报租房抵扣个税，房子就不租给你了！"

"如果你申报租金扣除，税务局收税的话，我会把钱加到房租上。"

在过去，对于个人的租房收入几乎是没有纳税的。有业内人士认为，此次个人所得税改革，很可能是税务部门加紧向房东征税的第一步举措。但是，未来房东增加的税收谁来负担，这便是租客和房东们博弈的关键所在。

如果享受到房租抵税这一红利，能省多少呢？按照新个税法，在北上广深等一线热门城市以及省会城市的租房客，每月可扣除1500元的计税额，算下来，每月到手工资会多几十块钱。

然而，面对未来房租可能上涨几百元的淫威，不少租客干脆放弃。在房东面前，租客毫无筹码可言。

随着毕业季带来的大量新增租赁需求，上海房租迎来新一轮上涨。2018年6月，上海房屋租赁指数为1898点，比上月下降2点，环比下降0.11%，降幅较上月缩小0.1个百分点，连续第九个月呈下降走势。6月租赁指数同比下降1.82%。全市平均单位标准租金每月为64.2元/平方米，房租上涨急坏好多无房族。2019年1月1日，个人所得税专项附加扣除政策正式实施，更使租户面临了"个税抵扣几十元，房租上涨几百元"的窘境。本来就生活拮据买不起房，现在租房成本又提高了，同时物价又节节攀高，这日子要怎么过？

你先别急，听我慢慢说。

房租上涨不用怕

房租上涨，主要是因为很多人持币待购，暂时租房住；与此同时，不少炒房者又在高位抛售，一时间出租房供不应求，房租自然上涨。可一旦房价跌去20%~25%，自然会有大批租房者购买房子。

按欧美国家的经验，房屋买卖让市场去调节，而房屋租赁市场由政府控制。政府向拥有土地房子的人征收房地产税，将这笔钱投入租房市场，以"劫富济贫"的方式补贴房客。拥有房子的人享受成功的喜悦，而房客们居有定所，可谓皆大欢喜。

在欧美的诸多国家中，多少年来租房者和拥有住房者的比例总是一半对一半，大城市的租房比例则更高，并且还不是暂时租住，而是一种居住常态。由于欧美实行高房地产税，政府征收了地税之后，便大量提供各种类型的廉租房，使大多数民众并不需要非得购房而居。

其实在欧美国家，选择租房还是买房，对大众来说只不过是选择不同的生活方式而已。事实上，纵观欧美诸国近百年的房价走势，基本上仅和通货膨胀率持平，也就是说，房地产对普通百姓而言并非投资的选项。在欧美，通常来说单身者基本选择租房，丁克家庭也多半租房而居，一般只有结婚后有了孩子，才会考虑搬到郊外甚至小城镇买房居住，过上另一种家庭生活。比如巴菲特就一直租住一居室的公寓，直到生下第一个女儿后，他才购房而居，而那时他早已是百万富翁了。

中国人自古有强烈的土地情结。现在人们无法拥有土地了，便把这一情结转移到了房子上。但凡负担得起便会不计代价要拥有房子，根本不考虑什么"租售比"和"房价收入比"。和欧美国家不同，在中国，房子是投资产品，而不是高档消费品，所以房价是不计入CPI（居民消费价格指数）的。所以这几年房价才会猛涨，一直涨到老百姓无法承受、涨到经济不可持续发展了，政府才终于下决心出重手进行调控。而房租却和大米、猪肉一样，是作为生活必需品计入CPI之内的。也就是说，一旦房租猛涨，就会引发通货膨胀，犹如米价、肉价上涨，政府会立刻干预，以免破坏安定团结与社会和谐。

纽约人大多租房而居

对如何控制房租涨幅，中国完全可以借鉴纽约的经验。纽约的房屋租赁市场因为政府与私营部门的合作，长期维持着稳定的状态。众所周知，纽约是全球最富有的城市。不过，可能很多人不知道，在纽约至少有一半居民选择租房，特别是纽约最富有的曼哈顿区，更有高达90%以上的人都租房而居。美剧《老友记》（Friends）里那6个年轻人分租公寓，就是典型的曼哈顿人的居住方式。

纽约是全美住房消费负担最重的城市。曼哈顿更是寸土寸金，凡是看得见景色的公寓，动辄上千万美元一套。同样一套1250平方英尺（合120平方米左右）的公寓，在旧金山40万美元可以买一套，在洛杉矶售价25万美元，在休斯敦、达拉斯只需13万美元，到了迈阿密就只有10万美元，而在曼哈顿至少要120万美元。能在曼哈顿拥有房产的，都是钱多得发霉的主。当年宋美龄女士居住在中央公园边上的那套阁楼式公寓如今价值七八千万美元，每年光地产税就要交200多万美元！

而政府对富人的房产征税，同时通过廉租公寓的方式"贴补"普通工薪阶层，是典型的"劫富济贫"。

不过，曼哈顿虽然房价高，但是房租和收入相比却不贵。我曾经在曼哈顿生活多年，一直租公寓而居，其中一间公寓每年租金为3万美元。有人大惑不解，每年3万租金不是白扔了吗？这是"只知其一，不知其二"。因为曼哈顿的地产税是房价的2%~3%，如果买下我所租住的公寓至少要花费100万美元，每年支付的地产税、公寓管理费再加上水电费，甚至要超过3万美元的房租，得不偿失。这也是90%以上的曼哈顿人情愿一辈子租房住的根本原因。

除了"白扔"房租外，国内的朋友或许会感到困惑，难道就不怕房东突然毁约、涨房租或者赶走我们这些房客？住租来的房子总是没有家的感觉，不是吗？

归功于纽约健全的商业租赁法，房客们根本无需担忧这些问题。纽约的法律是极力保护房客利益的。法律规定，房东不能随意涨房租，房租每年的升幅不能超过平均工资的增加幅度和通货膨胀幅度；房东不能轻易毁约，更不能随意赶走房客，只要房客有正当理由，比如失业，哪怕白住三个月，也不能赶走房客；房东与房客有任何矛盾，最后得上法庭打官司，由法官判决谁是谁非；房东在更换新房客之前，必须将房屋修缮一新，由房东负责日常维修服务。当然，如果是租户使用不善而造成的损坏，一切经济后果由租户自己承担。法律最大限度保障了租户的利益，使租客享有充分的安全感。

高租房率有助于城市吸引人才

纽约政府用征来的房地产税建造的廉价公寓深受中低收入人群的欢迎。穷人申请批准入住之后，每年按收入的比例支付房租。就这样，在纽约的中产阶级、穷人和富人，大家都各得其所，其乐融融。我曾居住在纽约曼哈顿的罗斯福岛上，每个月支付2500美元房租。而在同一栋大楼内，有些房客只交1000多美元，他们都住了多年甚至大半辈子，他们住进去的时候房租只有几百美元，房租每年只能小幅上涨甚至不涨，在通货紧缩、经济不景气时，房东还必须相应地减房租。

在罗斯福岛上，还另有两类公寓：一类是政府提供给低收入家庭居住的，只要家庭年收入低于规定的金额，就可以申请入住，租金比市面上的普通公寓低30%~40%。我曾经的一个同事在下岗后"因祸得福"，年收入正符合申请标准，于是租到了这一类公寓。第二年他太太也上班了，两人的收入大大超过了申请标准，但政府并不会年年查证，结果他们一住数年，直到孩子到了学龄期，为了孩子的教育，才不得不搬出小岛。

另一类公寓的租赁方式又别具一格：搬进去时，承租人需缴纳当年的薪金（按年薪计），以后无论租住多久，都无需缴纳房租，只需按月缴纳几百美元的管理费。如果住腻了想搬出去，那笔预付的薪金便会退还给你，但是不偿付利息。试想，这样的买卖简直太划算了，一旦入住这一类公寓，几乎无人搬出去，除非老死。但有一点，因为房产不是你的，房价涨得再高也跟你无关。

纽约市政府长期以来实施廉租房政策，使符合条件的中低收入阶层每月都能以较少的租金租住较好地段的一居室。比如市中心曼哈顿下城有一个斯泰佛森特社区，大约有100多幢居民楼，共占据6个街区，所有公寓一律面向中低层收入群体。在该社区，一套面积约60平方米的公寓，客厅约为30平方米，卧室有15平方米，外加厨房、厕所和壁橱。如果按曼哈顿的租房价格，每个月租金约3000美元。但是在该社区，这样的一居室只需1500美元。此外，租房还有不少好处，如果房内出现下水道堵塞、停电、冷热器设施故障等问题，一概由房东负责上门维修。而且小区的外围设施非常完善，中心地带有喷水池和草地绿化，包括24小时保安巡逻。租住这样的公寓，真是十分惬意！

在曼哈顿人们早就有共识：有钱人拥有住房，实现了自我价值，享受到了成功的喜悦；而买不起房子的房客住得安心放心，视租房为自己的家，照样也享受到安居乐业的快乐。

很显然，完善的法律和政府的系列廉租措施，使纽约这一国际大都市吸引并留住了大量的人才，特别是收入相对较低的年轻人。而作为对比的是，上海的高房价却吓跑了一批海归科研人员，新闻报道说，即使补贴60万元，仍然不够上海一套普通住房的首付。中科院上海分院的数据表明，2010年全院博士、副研究员级别科研人员的流失率达到10%，远远高于一般5%的正常水平。很多人正是迫于住房压力，选择离开上海或者投奔企业。这些人经过多年磨炼，已是科研骨干，失去他们，科研所倍感痛惜。

由于租金和房价维持在较为合理的水平，纽约长期以来保持着"铁打的营盘（固定的房子），流水的兵（房客）"的状态，人口一直维持在800万左右。正是人口的不断流动，使纽约保持着城市的新兴活力。这正印证了一项研究指出的结论：只有人口不断地流动，才能保持城市的活力。一旦住房拥有率超过了70%，那么这座城市就会面临老化的危险，也将渐渐失去生命力……

如何轻轻松松做"房奴"

严守供楼方程式

做业主当然是人生大事，但当你计划买楼之前，一定要考虑清楚自己的还款能力，要好好地计算一下每个月你可以负担多少供款不至于影响家庭的生活品质，否则将是本末倒置，得不偿失！下面是欧美国家普遍认同的两个供楼方程式，可供中国的业主们参考。只要你依照这两个方程式去做，就可以快快乐乐、轻轻松松地做"房奴"。由于欧美的房产税是每年按楼房的市价缴纳1%~5%，考虑到中国还没有全面开征房产税以及其他税项，因此，你在参考这两条方程式时，可以酌情加上5%~10%。

·第一个方程式简称PITH，其实是Principle、Interest、Taxes和Heating Expenses的首字母缩写，中文就是本金、利息、税项和电力支出。

这个供楼方程式规定，你每个月的PITH不应超过整个家庭税前收入的32%。

例如，陈先生、陈太太每月税前收入合计计为4500美元，那么每个月的PITH支出就不能超过1440美元（4500×32%）。

·第二个方程式规定，你每月底的还债款项不应超过税前家庭收入的40%。还债款项包括PITH支出、供车、信用卡还款等。

再如，陈先生、陈太太每月税前收入合计为4500美元，那他们每个月的还债款项就不能超过1800美元（4500×40%）。

常见按揭方式

买屋的第一步是要了解自己的经济状况，请专业理财顾问仔细分析自己到底适合哪一款按揭计划。按揭利率的升跌无人能料，因此没有人能确认哪一种按揭方式最经济、最划算。

定率按揭（fixed rate mortgage）就是按揭的利率固定不变，即使市场上的利率攀升或骤降，每月供款仍会维持一样，这样更容易预算个人开支，亦能避免利率上升而要多付供款。相反，浮动利率按揭（variable rate mortgage）就较具弹性，尤其受惠于利率下调的时候，每月供款会受到利率的影响。

而定期按揭和活期按揭的区别就在于随时清还款项会不会被罚款：活期的还款期要较定期更短，如果想于短时间内把旧屋出售，用售卖旧屋所得款项来清还新屋按揭，活期会比定期更合适。

第四章

被忽视的货币真相

在本章，我们会讨论"另类货币"比特币、通货膨胀、投资黄金、人民币国际化等和货币有关的话题。通过阅读，你将了解为什么老百姓要懂点货币知识，以及如何解读新闻中的有关信息，从而进行明智的理财。

老百姓菜篮子里的样样东西都涨价，这在工资没有明显增长的情况下无疑是坏消息。也许你做得到不买新衣服，但饭总是要吃的。不炒股的人也许觉得股市涨跌和他没关系，但恐怕没人会说物价上涨和他没关系。对此类新闻你就要多留心、多思索：为什么会出现通货膨胀？该做些什么来保护自己的财富不缩水？

这几年，黄金价格的大跌让许多"黄金炒客"夜不能寐。今天买入的黄金明天还值这个价吗？到底是该买还是该卖？要回答这些问题，先要思考一下你是在投资还是在投机。如果你是在合理价位之上买入的，那你就进入了一场击鼓传花的投机游戏，赢得这场游戏唯一的途径就是找到下一个接棒的投机客。

既然中国老百姓没从人民币升值中捞到什么好处，那从中大获丰收的是谁？为什么美国物价不疯涨，美元的购买力很强盛？欧美的大老板、有钱人怎么都争着比赛捐钱，他们真是耶稣再世吗？很多弄不明白的问题，不妨套用常识分析一下，你就会豁然开朗啦。

特朗普为什么要打贸易战?

新闻案例

中国去年大豆进口依存度超87%，美国占进口总量约34%

《中国新闻周刊》　2018年11月25日

在中美贸易发生摩擦前的2017年，中国国产大豆1455万吨，进口9554万吨，进口量创历史最高纪录，进口依存度超过87%。其中，来自美国的大豆约为3285.4万吨，占进口总量约34%。

中美贸易摩擦以来，中国进口美国大豆的数量明显减少。有数据显示，2018年1月至8月，美国对中国出口大豆较去年同期减少了361万吨，减幅为31.7%。

在美国大豆进口量急剧减少的时候，如何保障国内大豆供给，就成了相关各方密切关注并要着手应对的问题。

中美贸易战牵动着无数人的心，时至今日，美方仍然没有"停火"的意思。

中美贸易战是长期问题的累积。

特朗普为何想打贸易战呢?

说复杂了，可以写一本书。简单来说，其实就一句话：这一切都源于中美贸易的巨额逆差。也就是说，美国购买中国商品的贸易额，大大地超过中国购买美国商品的贸易额。据统计，仅2017年一年，中美的贸易逆差额就达到3000多亿美元，特朗普说的"5050亿美元"有夸大其辞的成分。

事实上，即使在公认的3000多亿美元的中美贸易逆差中，大量利润也是进到在中国做生意的美国跨国公司的口袋里。仅举一例：2009年，生产一部iPhone3，中国要从美国进口价值11美元的零部件，从另外三个国家进口约172美元的零部件，然后在中国组装。当成品iPhone3运到美国时，其价值约为180美元，而苹果将零售价定为600美元，是成品价值的3倍多。但中国公司从中赚了多少呢？只有8美元，仅为零售价的1%。

也就是说，要是仔细算的话，美国在中美贸易中根本就没有吃亏。或者说：中国赚了顺差，美国赚了利润。

正如世贸组织前总干事帕斯卡尔·拉米曾经提醒的："拿中美贸易逆差来说，如果按照实际本国含量进行一系列计算，那么两国2010年11月2520亿美元的贸易逆差规模，起码能减少一半。"

但是，特朗普可不这么想，或者说他不愿意承认这一点，他认为在中美贸易中，美国吃了大亏，中国占了太多的便宜。

实际上，中美贸易逆差已经不是一天两天的问题了，而是中美两国在进出口领域长期问题的累积。这也正是特朗普在竞选总统时，反复提及需要解决的主要问题之一。

事实上，特朗普上台以来，不像绝大多数美国政客那样，竞选时说一套，担任总统之后却往往无法兑现承诺而另做一套。特朗普出乎了绝大多数人的预料，正在兑现竞选时向选民提出的承诺（超过80%的承诺都在进行中），包括解决中美贸易逆差的问题。

讨价还价的利益之战

对于已经打响的贸易战，我认为大家不必太过惊慌，权当是一个讨价还价的游戏即可。因为任何破坏世界两大经济体贸易往来的政策，都是"双输"的。事实上，这正是中美贸易战的总基调。

如何解决中美贸易逆差的问题？

极端者提出的解决方案是使人民币兑美元升值。多年来，美国不断发出中国操控人民币汇率的声音，指责中国故意压低人民币汇率，以期在中美贸易中获利，最极端的声音是美元兑人民币的合理汇率应该为1∶4。可如果用这个方式来解决中美贸易逆差的话，将对中国经济乃至全球经济产生巨大的影响，所以这是不可能完成的任务。而从实际结果来看，中美贸易战开启以来，人民币汇率非但没有升值，反而一路贬值，美元兑人民币汇率从6.28一路贬到了6.8。

还有人认为要降低美国商品出口到中国的关税。比如，有人认为美国汽车出口到中国的关税可从25%降至5%，即购买美国汽车将便宜20%。此外，中国还可以开放半导体、金融等其他市场。但就目前美国执政层的观点来看，美国短期内不可能开放高科技产品对华出口。

总之，中美贸易谈判之路还很漫长，需要两国共同协商寻找办法。但有一点需要明确，中美经济早已水乳交融、相互依存，两大国之间任何一个国家出现重大的经济变动，对于另外一方来说都不是好事。政治是妥协的艺术，中美贸易战归根到底就是一场讨价还价的利益之战，而只有双赢才是最好的结果。

"另类货币"比特币

新闻案例

比特币最高点跌落1周年：市值跌掉82.7%，矿机甩卖

每日经济新闻　2018年12月16日

2017年12月16日，比特币整体市值创历史最高纪录，达3265亿美元；2018年12月15日刚好是一周年，但一年来，比特币跌跌不休，

市值从未再返回过这个高点。

与整个加密数字货币生态紧密相连的矿机，也从"香饽饽"变成"山药蛋"。

近日，《每日经济新闻》记者登录世界第一大矿机厂商——比特大陆官网发现，曾经爆炒致上万、乃至数万，一机难求，甚至要求助走私的矿机，都已大幅降价。与原年初定价相比，多款机型已降至不足一折，最低仅300元。

期货、现价双双创最低纪录

12月15日，CME（芝加哥商业交易所）比特币期货BTC1月合约收跌70美元，跌幅大约2.18%，报3145美元，连续两个交易日创即月合约收盘纪录最低，本周累跌约4.70%。

CBOE（芝加哥期权交易所）比特币期货XBT1月合约收跌95美元，跌约2.93%，报3150美元，也连续两天创即月合约收盘纪录最低，本周累跌约4.04%。

资深数字货币分析师肖磊对记者表示，总体来说，横盘已久的比特币，会激发投资者做出选择，这种选择对阶段性行情的影响较大，目前来看，市场依然很弱。但随着持续的下跌，投机性需求逐步出清，市场会在新一轮下跌中寻求底部，不过这是个漫长的过程，投资者需要有充足的心理准备。其他数字币种相对于比特币来说抗跌性不足，比特币的下跌也会引起整个市场流动性的萎缩，未来依然还要看比特币的走势。

上面是一则有关比特币价格变动的报刊新闻，其核心信息是"比特币价格跳水"。按照我们在前言里总结的看懂财经新闻的四大原则——（1）特别关注坏消息；（2）专家的话要辨别；（3）分清投资和投机；（4）回归常识（核心原则）来分析这条新闻，你首先应该判断"比特币价格跳水"是好消息还是坏消息；其次看看接受采访的专家是什么身份背景，他的发言是否和他本身的职业岗位存在利益冲突，他有没有相关的投资，他的言论可能造成的影响会不会对他的投资有所影响；比特币死灰复燃，你凑热闹了吗？你能分清自己的行为到底是"投资"还是"投机"吗？如果你还是觉得困惑，请暂时放下浮躁的心态，用最简单的常识来帮助思考。

虽然绝大多数的新闻都可用这四大原则一步步来分析解读，但是如果没有一点财经的基本知识和常识，你会发现走到第一步就走不下去了，比如，比特币到底是不是货币？比特币有没有内在价值？比特币有没有投资价值？在正确地运用这四大原则具体分析一则新闻之前，你有必要先把和货币有关的基础知识和相关背景梳理一下。在读完这一章后，相信你会对财经新闻中隐藏的信息更加敏感。

随着科学技术的进步和金融创新，支付手段越来越多样化，现在，人们可以不用持有任何实物货币，凭一张信用卡就可走遍天下，所以，很难说清楚什么是货币。虽然很难给货币下一个精确的定义，但货币必须具有的三大功能几乎是公认的，即交易媒介、价值尺度（记账单位）和价值储藏。我们不妨来验验新潮的另类货币和历史悠久的货币，看看它们是否是货币真身。

另类货币"比特币"

众所周知，美元、英镑、欧元和日元等，是外汇市场中流动性最大的货币。不过，几年前出现的一种号称"比特币"（Bitcoin）的玩意儿，这几年在欧美市场和国内市场上大热，网上也同步热议——比特币成了目前最为广泛使用的一种另类货币。许多人不禁发问：什么是比特币？

从技术上来说，比特币并不是现金，不依靠特定的货币机构发行，更没有得到任何政府或金融机构的信用担保，完全是一种虚拟的网络货币。它通过特定算法的大量计算产生，使用遍布整个P2P网络节点的分布式数据库来管理货币的发行、交易和账户余额信息。

比特币的获得方式和玩电子游戏得到的积分类似，可做"矿工"在网上挖矿，也可做"商人"去购买。因为随着参与挖矿的人数越来越多，一个人挖矿可能要挖上几年才能获得50个币。

用户通常可上网选择承包商或零售商，用网上的信用积分换取所需的商品服务甚至房子，而不是通过银行或金融机构来执行交易。

这种信用积分被称作"tokens"（代币），由用户把商品直接从这个人的手中交换到另一人的手中。当一笔交易发生时，经加密设计的比特币将自动地通过买方发送给卖方，以确保不被黑客攻击或人为地制造比特币。例如，比特币只能被它的真实拥有者使用，而且仅仅使用一次，支付完成之后原主人即失去对该份额比特币的所有权。

自2008年爆发金融危机以来，尤其是塞浦路斯银行对储户的离谱的惩罚行为，人们的无奈和愤怒是显而易见的。就像几年前的黄金一样，比特币因此而越来越受到追捧。比特币的发明者期望这一货币能取代美元、欧元甚至全球货币，同时希望彻底改革金融世界，就像电子书在出版界已被证明是一个新模式一样，比特币在金融世界也能大行其道。

而到目前为止，这一模式成功的最大关键，在于进行匿名的虚拟交易。

在现实的日常生活里，使用比特币是有困难的，不过，现在越来越多的机构正在接受这一货币。比如，从纽约市的梅泽烧烤（New York City's Meze Grill）到加利福尼亚州的豪生大酒店；从富勒顿会议中心到俄克拉何马州的婚礼蛋糕店……接受比特币的供应商数量也在不断增加，包括网上和线下的供应商。

近几年全球的几大经济体相继允许比特币作为结算货币，合法监管比特币交易所以及交易行为成为趋势。美国商品期货交易委员会（CFTC）认定比特币为大宗商品，并且为比特币交易平台Coinbase颁发了牌照，欧洲卢森堡也在2016年3月为交易平台Bitstamp（巴比特）颁发了比特币交易所许可证，日本在2016年3月份也提出要颁布比特币运营规范。

尽管比特币的地位有所上升，但目前还有一个很大的问题——比特币的价值极其不稳定，在现实世界中与美元兑换汇率的波动非常大，在比特币发展的初期，程序员汉耶茨花了一万枚比特币，从网友那里换了两个大号比萨（价格约25美元）。

早在主流世界了解比特币之前，其价值已经冲破天际了，投机者很快就看到了这一货币的潜力，并开始通过"门头狗"（Mt.Gox）和其他网站低买高卖，如火如荼地炒作了起来。

因为比特币的价值取决于有多少人、多少商品和服务愿意接受比特币的付款，如果接受比特币的人数增多，比特币的市场交易便进一步繁荣，比特币将拥有更大的升值空间。由于目前拥有比特币的人数仅有数十万，和10亿互联网的用户基数相比，其增长空间很大，这也是目前大部分比特币持有者信心很强的重要原因。但是，如果比特币用户数量减少，其价值就很有可能下跌，甚至可能一文不值！

好几位长期关注比特币的美国金融专家一致认为，就像10年来的黄金一样，比特币不过是另一个泡沫而已，一个最坏的冒险机会。但比特币的火热也和黄金价格曾经的高涨一样，恰恰从另一方面体现了欧美的金融状况有多么糟糕，现金持有人有多么恐慌！

庞氏骗局之比特币篇

进入金融市场的比特币和庞氏骗局十分接近，比特币的早期接受者占据了很大优势，如果后续资金停止进入该领域，则比特币无法继续升值。由于根本无法实现承诺的投资回报，因此对于老客户的投资回报，只能依靠新客户的加入或其他融资安排来实现。所以一个标准的庞氏骗局会不断扩大它的受众，形成一个金字塔形的利益分配体系，一旦没有人加入，这个游戏就玩不下去了。

中国股市的大幅回落、楼市的调整、大宗商品的熊市以及各类理财产品收益的下滑等，对于比特币价格的反弹可能起到了推波助澜的作用。很显然，这是一场"你方唱罢我登场"的游戏，比特币大鳄又开始忽悠散户进场了。

比特币，因其匿名、完全去中心化等"优点"，被精美包装之后进入金融市场，在过去几年，曾一度受到一些人的狂热追捧，价格从"几乎0"飙升至近2万美元（期货价格曾高达2.1万美元）！

然而，比特币交易平台因不确定性、交割波动大甚至被非法利用，如涉及走私、贩毒、涉黄、洗钱等丑闻不断而受到各国政府的打压！随着各国政府不断加强对比特币的监管，以及"庄家"的获利回吐，在2018年的最后一个月，比特币价格大多数时段均徘徊在4000美元左右，这一价格与年初的1.7万美元相比，已跌去近八成，如图4-1所示：

具有梦幻般色彩的技术块比特币（blockchain-technology bitcoin）是货币的未来形式，也就是虚拟货币（virtual currency）。目前，世界上与之相关的企业（包括硅谷）投入数亿美元并以此为基础，欲建立一个无摩擦移动资产的商业模式。

何谓虚拟货币？欧洲银行管理局于2014年将其定义为"既非由中央银行或公共机构颁发，也不一定要连接于一种法定货币，但作为支付手段被自然人或法人接受，并且可以进行转让、存储或电子交易的一种货币"。

由此可见，比特币并不是真正的货币，也非真正的商品，却被伪装成货币和商品。当1300万的流通硬币的50%被950个人拥有时，便可断定这完全是一个浅显而不流通的封闭市场。明眼人不难看出，这是一个多么狭窄的交易市场。

不过，比特币的支持者大多以为比特币是法定货币时代开始的信号，但那是根本不可能的。道理非常简单，因为在这个星球上，比特币还尚未被任

图4.1　2018年12月27日比特币价格走势图

何一个国家接受为法定货币，全球著名的奥地利经济学家路德维希·冯·米塞斯（Ludwig Von Mises）和弗里德里希·奥古斯特·冯·哈耶克（Friedrich August von Hayek）的学生（继承者）明确表示：比特币不是货币！

美国继而将比特币列为大宗商品，就更加说明比特币成不了货币，比特币的原始初衷破灭！而大宗商品向来是华尔街的投机类金融产品，并非投资品。也就是说，以最精美包装的比特币，进入金融市场就好似庞氏骗局，本质上就是玩散户，散户进入比特币市场就是去送钱的！

举例来说，2017年可谓比特币的疯狂之年。根据彭博社报报道，比特币2017年的最低价位是1月11日的789美元，而全年最高价位也是比特币纪录中的最高价是在12月18日达到的18674美元（实际上多数主流平台报价突破19000美元，甚至少数平台最高报价突破20000美元）。不过在2017年6月和7月比特币一度下跌36%，这样的跌幅对于其他交易品种来说是不可想象的。

说给比特币信徒的话

2017年9月，中国叫停比特币，引起比特币信徒的强烈不满。

比特币信仰者们似乎坚信：有朝一日比特币能成为全球货币。这可能吗？先不谈比特币从技术角度来看设计得多么缜密，只请你凭常识想一下：

谁掌握了货币，谁就掌握了世界！而目前超过半数的比特币竟然集中掌握在927人的手中！你觉得未来世界可能会让这927个人来掌控吗？！

比特币的持有者似乎比我们想象的要集中得多。这个问题长期以来一直是比特币基金会的心头重病，英国《金融时报》的伊莎贝拉·卡明斯卡对此进行了分析，认为这种现象意味着价格垄断——由这少部分主要持有人决定价格，剩下的那些人被动接受这个价格。

芬兰企业家、Bitcointalk论坛积极分子Risto Pietila对比特币所有权失衡现状进行了评估。他根据Bitcoinrichlist上的数据对比特币的交易活动进行了估算。该结果得到了比特币最早的开发商Martti Malmi的认同。

请记住华尔街名言："Even a dead cat will bounce，if you drop it from high enough.（死猫都会反弹，如果你从足够高的地方把它摔下去的话）"。显然，比特币已蜕变成了击鼓传花的游戏，先期进入的既得利益者会尽可能将比特币以高价抛给最后的接棒者，将其所获得的巨大账面财富渐渐兑现！

一条"比特币放着睡觉最赚钱"的帖子道出了比特币市场的实情——交易量越来越少。其实，这句话本身就非常好笑！比特币的初衷是什么——成为货币。那放着"睡觉"的东西能成为货币吗？一般人买入后就让它"睡觉"，那比特币的作用就只能是洗钱、贩毒、赌博、色情、抢劫、偷盗、诈骗等，这东西还能有前途吗？

事实上，比特币的情况已经非常清楚了：价格越涨，越多的人长期囤币，使得流动筹码越来越少，背离其原始初衷——打造交易媒介越远。结果，它的泡沫就将越大。目前比特币显然已经陷入了这个怪圈之中。到最后，比特币很可能像古董一般，只有收藏价值，没有流动价值，和所谓的货币功能毫无关系。但一旦失去了货币功能，比特币还有什么用呢？结论：到最后毁了比特币的不是别人，恰恰是忠实的比特币粉丝们！

其实现在看来，这个游戏的漏洞太明显了。说到底，无论比特币被包装得多么精良，都只不过是一些人在幕后玩的东西，其中不知道隐藏了多少猫腻。比特币能走到今天，充分说明了人性的贪婪会使得一些人如被洗脑一般。

任何泡沫的破灭都不是一破到底的，一般都是进两步、退三步地逐渐破灭的。不过，也正是这样的过程，不断地吞噬后来者的财富……

这又是一个典型的金融泡沫案例，就等着写入金融史了！

比特币不是投资品

由权威监管机构构成的美国金融稳定监管委员会（FSOC）曾发布的一份报告指出，包括比特币在内的电子货币可能对美国金融体系稳定构成威胁，因此监管机构将对比特币及其他电子货币进行更加严格的审视。美国金融稳定监管委员会是由美联储、美国财政部和美国证券交易委员会（SEC）等主要监管机构构成的。

美国金融稳定监管委员会指出："像大多数新兴科技那样，分布式记账系统还造成了某种风险和不确定性，即市场参与者和管理者也需要被监督。市场参与者参与分布式记账系统还缺乏经验，而且这种操作上的脆弱性只有在它们被大规模使用之后才表现出来。例如，最近几个月，比特币交易延迟开始大规模出现，还有一些交易出现了失败的情况，这是由于比特币提请交易的速度比加入区块链的速度还要快。类似地，即使分布式记账从设计上可以避免报告错误率或者被一个参与者欺骗，但是抵御不了多数参与者一起串通欺骗。"

来看看这一两年，和比特币有关的一些负面新闻。

【美国拘捕两名比特币交易所创始人】美国继续加强对比特币的监管力度。美国检察官正式起诉两名比特币交易所运营人璇瑞姆和费亚拉，提供虚拟货币帮助用户在黑市网站"丝绸之路"上购买毒品涉嫌洗钱，并在没有取得执照时进行汇款业务。一旦罪名成立，璇瑞姆面临高达30年监禁，而费亚拉面临25年监禁!

【比特币企业家被控参与洗钱】得到文克莱沃斯兄弟资金支持的比特币创业者Charlie Shrem被控参与洗钱,并帮助向一个非法在线毒品黑市转移资金。现年24岁的他是比特币行业最活跃的人物,任比特币基金会的副主席,在全球各地旅行推介比特币这一虚拟货币,并与人在曼哈顿合伙经营一家接受比特币付款的酒吧。

【俄罗斯央行突然发布严正警告:使用比特币将会面临刑事指控】俄罗斯央行突然猛击比特币,警告比特币用户:将被犯罪指控!俄央行说,数字虚拟货币缺少官方保障,已被用到投机,将增加金融风险,将禁止代货币的发行。洗钱在俄罗斯最高刑期7年;为恐怖活动筹资的最高刑期15年。

各种负面新闻使得比特币就好似量身为各种罪恶而定制的:洗钱、操纵、贩毒、枪支、赌博、色情、抢劫、偷盗、诈骗、炒作……匿名本是比特币的一大特点,但我认为,除了其他问题,匿名恰恰是比特币难以最终实现真正合法流通的一大制约,比特币的前途将取决于它是否能够实名化。

纽约金融服务局主管莱斯基在对比特币举行的听证会上强调,要有一套明确针对虚拟货币的新规则!莱斯基更明确表示:"如果对于管制有两种选择——允许洗钱或是允许创新,我们总会首选打压洗钱!"

比特币的负面消息不断,让其几遭灭顶之灾。根据看懂财经新闻的第一原则——"特别关注'坏消息'",你看出投机比特币的风险了吗?在比特币跌得惨烈的时候,我在北美那些几年前就开始玩比特币的同事、朋友们忧心忡忡,急着抛售。当时我让他们别担心,有我们中国人掩护你们。没想到一句玩笑话竟然不幸言中:当中国比特币成交量已超过3万个,同期美国成交量仅有300个!我打心眼儿里佩服我的同胞们!

我曾去纽约比特币中心参观,那儿聚集了比特币"高手",好些是辍学的名校学生,他们说学校里不开设比特币课程,所以这书读了也没意义!他们狂热的程度让我立刻回忆起十几年前"日内交易"的盛况,同样美妙的说辞，相似的狂热，但结果呢？

从看懂财经新闻的原则四——回归常识来看，比特币至少在目前还不是货币。不谈理论了，就看现实吧：哪个货币的汇率会像比特币那样上蹿下跳？谁敢用啊？更别说比特币进入了金融市场后，恰恰是那些疯狂的粉丝阻碍了比特币成为货币的进程！其次，在金融市场里，比特币更不是什么投资品，本身不带来回报的东西只能是投机品。

货币本质上就是一张欠条

新闻案例

央行货币政策委员会：稳健货币政策要更加注重松紧适度

《证券时报》 2018年12月28日

央行官网27日发布公告称，央行货币政策委员会2018年第四季度例会于26日召开。会议按惯例分析了当前国内外经济金融形势、部署下一步货币政策。

对比三季度例会的会议表述，此次会议在研判国内外经济金融形势、对下一步货币政策安排等方面有较多变化。一些新表述延续中央经济工作会议的部署，如提出"加大逆周期调节的力度"，并新增"创新和完善宏观调控"表述，而上季度则为"高度重视逆周期调节"；稳健的货币政策也从"保持中性"变为"更加注重松紧适度"，并删除"管好货币供给总闸门"表述。

不过，例会内容也有个别之处与中央经济工作会议内容有所不同，特别是在结构性去杠杆方面，相比于三季度例会，本次例会公告中删去了"把握好结构性去杠杆的力度和节奏"的表述，而中央经济工作会议仍提出"坚持结构性去杠杆的基本思路"。

中信证券研究所副所长明明对证券时报记者表示，从过往情况看，中央经济工作会议的一些提法，在后续的货币政策委员会例会中也不一定提及。同时，货币政策更多的是总量政策，其所能发挥的结构性功能相对弱一些。结构性去杠杆还是要更多依靠产业政策、监管政策、财政政策等。

值得注意的是，本次例会还首次提出要推动稳健货币政策、增强微观主体活力和发挥资本市场功能之间形成三角良性循环，促进国民经济整体良性循环。

明明认为，这意味着货币政策的内涵已经在升级，是更广义的货币政策，是立足在宏观调控和金融调控的统一布局。

这是一则有关货币的新闻。这则新闻是对央行货币政策委员会2018年第四季度例会内容的分析，其主要观点是稳健货币政策要更加注重松紧适度。那么，什么是货币呢？相信看完本节内容，你关于货币的常识会更上一层楼。

货币和每个人都有关系，它存在于我们日常生活的每一天，牵动着每一个人的神经。货币的本质到底是什么？

这还真是个复杂的问题。19世纪中叶，英国有一位名叫格莱顿的议员曾经说过这样一句话："在研究货币本质中受到欺骗的人，比谈恋爱受欺骗的人还要多。"真的是这样——直到今天，西方经济学的学者们，对于货币的本质仍然存在大量争论。

货币建立在信用基础之上

西方经济学中的货币概念五花八门，最初是根据货币的职能下的定义，后来又形成了作为一种经济变量或政策变量的货币定义。

货币定义主要有以下几种：

1．人们普遍接受的用于支付商品劳务和清偿债务的物品。

2．充当交换媒介、价值、贮藏、价格标准和延期支付标准的物品。

3．超额供给或需求会引起对其他资产超额需求或供给资产。

4．购买力的暂栖处。

5．无需支付利息，作为公众净财富的流动资产。

6．与国民收入相关最大的流动性资产。

实际上，后面4条应属货币的职能定义。

目前世界各国发行的货币基本都属于信用货币。信用货币是指由国家法律规定强制流通的，不以任何贵金属为基础的，独立发挥货币职能的货币，它是由银行提供的信用流通工具。其本身价值远远低于其货币价值，而且与代用货币不同，它与贵金属完全脱钩，不再直接代表任何贵金属。

信用货币是货币形式进一步发展的产物，是金属货币制度崩溃的直接结果。20世纪30年代，发生了世界性的经济危机，引起经济恐慌和金融混乱，迫使主要资本主义国家先后脱离金本位和银本位，国家所发行的纸币不能再兑换金属货币，因此，信用货币便应运而生。当今世界各国几乎都采用这一货币形态，信用货币由一国政府或金融管理当局发行，其发行量要求控制在经济发展的需要之内。人们对此货币抱有信心是信用货币作为一般交换媒介必须满足的条件。

有一句曾流行一时的口头禅，叫"这个世界不缺钱"，事实也确实如此。这些年的货币宽松政策造成货币发行过多。就算钱包鼓得合不拢，也不会被人当作大款。而货币从金融角度上被定义为"Money is debt（货币就是债）"。说得通俗点，货币就是一种欠条。

纸钞也好，电子币也罢，哪怕是黄金、白银，在作为货币时它们的本质都一样，都是在打欠条。

事实上，无论什么样的货币，都是建立在信用基础之上的，只要有信用，它们的地位就是平等的，所谓"金本位货币优于其他货币"之说法，其实是一种误读。为什么说货币是债呢？看看下面美联储的例子你就清楚了。

谁也不能随便开动印钞机

好多人简单地认为，美国一旦缺钱，只要开动印钞机就行了，这还不是美联储一句话吗？真的有这么容易吗？

从宏观经济的角度来看，美联储没有赋税权，它的基本任务就像投资经理人，充当着管理政府债务组合的角色。在政府花费最低利息成本的前提下，美联储决定着政府的债务组合形式中国库券（T-bills）占据多少比例，30年期国债又占多少比例。假设美联储将发行1万亿美元平分给每一个美国人，在一定的时间内，又假设行政干预并不大幅改变对货币的需求，而新货币主要是储备金货币，为此美联储要支付0.25%的利息，按理来说这没什么大不了的。

那么问题出在哪呢？

由于发行了1万亿美元的新货币，美联储的账簿上便记录了一笔巨额负债，这笔巨量的新货币进入流通之后，投资者不会愿意支付溢价来持有货币。溢价就是指交易价格超过证券票面价格的部分，比如说拿1元2角现金去换一张票面是1元的证券。

因此联邦基金利率大致等同于美联储支付储备金的利率，这与财政部支付国库券的利率大致相等。也就是说，持有债务货币将不会比持有短期债券更便宜，而政府负债融资的成本是无法逃脱的。所以有人这么形容：把新货币装上直升飞机直接撒向每一个美国家庭的好处（在短期内提高总需求），几乎等同于国会通过法案把钱发放给他们的成本（以未来繁重的税收来偿还债务）。

不可否认的是，增加巨额债务的负担，将迫使美联储在未来采用更宽松的货币政策。当然，名义债务融资得越多，利率就必然降得越低并带动通货膨胀。但是，目前美国国债已超过22万亿美元，即使从直升机上再抛下1万亿美元，也只会再增加不到5%的债务而已。而这是否会刺激美联储改变未来的政策，再继续实行货币宽松政策呢？

全球总债务有多少？Money is debt——货币就是债，你有没有想过全球共有多少债？目前，全球所有个人和国家的债务总额为200万亿美元！其中约29%是2008年金融危机后产生的。美国欠下的债占全球债务总额的1/3，占26%的欧洲和占20%的日本紧随其后，再接下来是中国，78万亿人民币的债务占全球总额的6%。

很多人认为，在世界大宗商品的交易市场上都是以美元结算的，美元作为世界储备货币，在当今美国经济衰退的时候，美国当然可以任意开动印钞机，来进一步稀释债务。果真是这样吗？当然没你想得那么美！美国最多只能在万不得已的情况下开动一下印钞机，而绝不可能任意开动印钞机。

因为美联储发行货币的基础，是通过政府大量发行短期和长期债券建立的，在其债务偿还后才能被销毁，由此形成债务货币。所以，以发行货币的形式欠下更多的债，并不是说这些债务几年之后就会奇迹般地消失，那些债务依然躺在美联储的资产负债表上，不管横看竖看它都是债务，即债务货币，最终总是要偿还的！

为确保美国超级大国的地位，美元在多数时候必须强势，因为只有确保美元的信用，才能在借债时保持低利率，才能在真正万不得已时开动印钞机；而开动印钞机的结果，往往是杀敌八百自损一千。因为美国自己拥有的美国国债，超过全世界其他国家所拥有美国国债的总和。事实也证明，美国经济对货币宽松政策已经产生了"抗药性"。

为了刺激经济复苏、提高就业，美联储一而再地实行货币宽松政策，从

QE1[1]（首轮量化宽松政策）到QE4（第四轮量化宽松政策），并持续几年采用低利率的政策，然而这次并未带来高通货膨胀。因为货币无法流入需要的地方，比如实体经济和制造业。从实质上来说，这次金融危机之后的货币宽松政策迫使政府对银行持股，救助的只是银行业，而呈现负值的实际利率使得储户的钱通过银行又给政府提供了债务资金。别说QE4了，就是再来QE14对经济也起不了多大的作用。

很多经济学者认为，只要实行货币宽松政策，就必然会导致通货膨胀，货币就会越来越不值钱。但这两年欧美的情况使他们大跌眼镜。为什么？因为金融机构虽然得到大量资金，但都小心翼翼地不敢放出去。惜贷造成了严重的信贷萎缩，通货膨胀的威胁因此大大得到缓解。而随着欧美经济进一步衰退，银行更加惜贷。因此，无论货币如何宽松也不会通货膨胀，一旦货币宽松政策停止，就将进入通货紧缩。

总之，无论美国政府实行债券融资也好，发行新货币融资也罢，其本质是一样的：货币就是一种债务，一种欠条。货币供给的增加尽管可以让垄断货币发行量的政府富有，但并不会使一个社会更富裕。

1　QE：指量化宽松政策。量化宽松主要是指中央银行在实行零利率或近似零利率政策后，通过购买国债等中长期债券、增加基础货币供给、向市场注入大量流动性资金的干预方式，来鼓励开支和借贷，也被简化地形容为间接增印钞票。

人民币能成为世界货币吗？

英国《经济学家》周刊发布的新的"巨无霸指数"表示，"美国巨无霸的平均价格为4.79美元；按照市场汇率，中国的价格只有2.74美元。所以，此时'粗略的'巨无霸指数表明，人民币被低估43%"。

然而，国际货币基金组织（IMF）在声明中指出：美国过去一直认为中国操纵人民币价值以刺激出口，因此造成币值被低估。但过去一年来，随着人民币汇率的不断升值，低估的问题已不复存在。中国应该全力打造汇率弹性，使人民币的价值调整为同步于经济增长的步伐，在未来2~3年内，实现浮动汇率制度。

其实，关于人民币，经济金融界已然形成了两极看法，国内好多财经专家认为，由于人民币超发，人民币汇率即将大幅贬值；而欧美国家不少财经专家认为，随着美元安全性的下降，以及中国经济持续地中高速发展，人民币在国际上的地位最终将和欧元、英镑、日元一样，成为国际货币，甚至和美元平起平坐，成为全球"储备货币"。而最极端的声音是，人民币总有一天将超越美元！

第二次世界大战后，特别是美元和黄金脱钩以后，美元成为世界货币来衡量其他货币，其优势无可比拟。虽然美元的"金本位制"解体了，美元已不再是世界基准货币，但它的影响面照样超强并甚广。到了20世纪90年代，美元在世界各地的使用范围更广泛，它简直比金子还值钱（曾一度被称为"美金"），世界各国央行都必须把美元当成主要外汇储备。2019年1月24日，委内瑞拉总统马杜罗宣布与美国断交，立刻引发了委内瑞拉的恶性供货膨胀，据BBC报道，委内瑞拉的通胀率达到了1000000%，600万委内瑞拉币兑1美元。这足见美元的霸权地位。

因为全球大宗商品的定价权全是以美元结算的，随着国际贸易活动日益增加，各国对美元的需求也不断增加，当1971年美元和黄金脱钩后，便不再受制于有限的黄金储备，美联储可以"印制"（发行）比以往任何时候更多的美元——美国政府可以通过国债市场，借入比以往任何时候更多的资金。

而且，以美联储为首的西方工业国家的信贷扩张速度明显加快，货币发行达到毫无节制、随心所欲的程度。美国也变成了世界上最大的负债国，债务规模大到以致不能让美国倒塌的地步，即所谓的"大而不倒（too big to fail）"！

与此同时，美国享受着货币发行权和铸币税等多种好处（美联储通过发行货币获得收入），美元的特殊地位使美国成了"世界央行"，也使得美国不受外汇储备短缺的制约，避免了巨额贸易逆差可能引致的货币危机和债务危机，同时却能够通过贸易逆差获得国内经济发展所需的实物资源和大量资金。全球早就"美元化"了，而美元化的趋势又进一步巩固了美元的霸权地位。

如果人民币能够像美元成为世界货币，对中国今后的发展无疑是举足轻重的，正如基辛格一针见血指出的那样："谁控制了石油，谁就控制了所有国家；谁控制了粮食，谁就控制了整个人类；谁掌握了货币发行权，谁就掌握了世界的统治权。"

然而，中国是否做好了人民币自由兑换的准备？当今主宰世界的金融体系，说到底是华尔街的金融体系。而不受管制的自由市场使华尔街得以独霸世界资源，使金融投机分子得以从世界范围的政府、大众手中获得垄断权力以进行投机，疯狂劫掠世界财富。我们如果一定要参与这场游戏的话，那就要随时问自己："我们做好与狼共舞的准备了吗？"

如果人民币太强势的话，出口将变得更昂贵；如果人民币太弱了，进口导致的通胀上升就会削弱本币的购买力。一旦人民币自由兑换，又难免不被华尔街炒作。

顺便提一下，美国在2008年的金融危机后，采取了三轮宽松的货币政策，力度何其之大有目共睹。但为何美国并没有陷入通胀？因为美联储所谓量化宽松制造的货币，实际上并没有真正进入流通领域，它所释放的大量资金全被美国银行和金融机构以储备金的方式（被华尔街金融机构，如高盛、摩根斯坦利）截流，并变成热钱通过各种渠道涌入中国，引发了中国通货膨胀。实际上由于美元处于霸权地位，把美国的祸水引向中国，即美国经济生病，却让中国吃药。

因此，人民币的问题并不仅是汇率的高低，而在于其背后的信用。通过美国这次金融危机，我们可以清楚地看到，美元无论汇率高低，都是强势的霸权货币。而人民币的真正强势，将取决于经济的真正强大，使之成为自由兑换的强势信用货币。只有如此才能避免再出现美国生病、中国吃药的状况，并让人民币像美元一样享受到铸币权。

人民币走向国际是双赢

2016年10月1日，人民币正式被世界货币基金组织（IMF）纳入特别提款权（SDR），成为全球范围内的国际储备货币。这无疑是对人民币在国际商品和服务贸易领域中已占有较高权重的认可，自此，人民币可以广泛用于国际交易的支付，并得以在主要汇率市场上被广泛交易。根据环球银行金融电讯协会（SWIFT）的数据，人民币已经成为继美元、欧元与英镑之后的第四大支付货币。

对此，一些西方媒体表示怀疑，认为人民币作为全球储备货币，要取代日元、英镑在新兴市场央行的位置，其条件还尚未成熟。

所谓的"特别提款权"又称"纸黄金"，是1969年世界货币基金组织第一次修订国际货币基金协定时，所创立的用于进行国际支付的特殊手段，其成员国享有以特别提款权获得储备篮子中任何一种货币以满足国际收支需求的权利。

此外，特别提款权是以欧元、日元、英镑和美元组成的"一篮子货币"定值的。人民币要想纳入IMF货币篮子，必须具备两个标准：第一，货物和服务出口量必须位居世界前列；第二，自由使用货币。

随着中国经济增长速度放缓，为了挽救出口制造业、有利出口，2015年8月政府允许人民币扩大交易区间，先是小幅贬值，之后经历了一次性较大幅贬值，令美国为首的西方认为人民币被操纵了。

但事实上，人民币只不过兑美元小幅贬值而已，由于挂钩美元，随着美元指数的上升，近年来人民币的总体实际汇率大幅上升，成了亚洲区域最强的货币，远远强过日本、韩国、新加坡，以及中国香港和台湾地区等；此外，这实际上给了市场更多卖空人民币的机会，削弱了人民币兑美元和欧元的币值。这使得人民币越来越接近自由浮动。当然，要真正做到人民币自由浮动，还有很长的路要走。

自2008年金融危机爆发之后，作为向全球经济注入流动性计划的一部分，在2009年，世界货币基金组织股东国同意一次性创造大约2500亿美元的特别提款权。但由于这部分特别提款权是按参与国对世界货币基金组织的贡献比例进行分配的，大部分特别提款权资产最后成了发达国家的外汇储备。

因此，人民币纳入世界货币基金组织的货币篮子，可以扭转"美元独大"所催生的"我的美元、你的问题"的局面，使中国等新兴市场国家在世界货币基金组织的投票权与其不断上升的经济地位相匹配，有助于增强货币篮子的稳定性、代表性和合法性，使得国际货币体系向更加稳定的多元储备货币体系发展。

目前，中国正在建立自己的债券市场，期望未来有一天中国债券市场将被亚洲机构投资者、新兴市场央行和大型主权财富基金作为替代美国国债那样的避风港，此举是人民币融入国际体系、承诺国家金融改革的举措。

其中，还包括了2015年9月底，中国首次向世界货币基金组织公布其官方外汇数据，成为披露季度数据的96个国家之一，极大地提高了透明度。而且从10月开始，中国宣布采纳世界货币基金组织的数据公布特殊标准（SDDS），财政部将从四季度起按周滚动发行三个月记账式贴现国债，促进中国金融体系的改革开放。

此外，人民币被纳入世界货币基金组织的货币篮子，意味着人民币成为真正意义上的世界货币，名正言顺地成为世界货币基金组织（180多个）成员国的官方使用货币，以提高人民币的国际地位，增加人民币的使用量，免除自身的汇率风险，使中国和世界取得双赢的结果。

什么是"基点"？

先解释一下什么是"基点"（basis point，BP）。其实，基点用于金融上，是指"a unit equal to one hundredth of a percentage point"，即0.01%的意思。

2018年7月3日在岸美元对人民币汇率从6.6170上涨至6.6631，上升了461个基点（即人民币下跌461个基点），但实际的人民币跌幅只有0.7%，不过是小跌而已。如果这样的跌幅叫"暴跌"，那么前几年人民币对美元汇率从8.62一路升到6.05（升值了30%），该怎么解释呢？

事实上，论起汇率的稳定性，加拿大的加元兑美元也一直上下起伏，10多年以来，加元对美元汇率最高时曾超过1.13，而后跌至0.63，这之间的振幅接近45%。不知道对于这样的跌幅，那些媒体又该如何形容呢？

人民币汇率先不谈其他因素，至少在可以自由兑换之前，是不可能暴跌的！

这里牵涉到人民币汇率方面的基本常识：首先，中国人民银行授权中国外汇交易中心于每个工作日上午9:15，对外公布当日人民币对美元、欧元、日元、港币、英镑等汇率的中间价；其次，每一天银行间即期外汇市场人民币对美元的交易价，可以在外汇交易中心对外公布的当日，在2%的幅度内上下浮动。

也就是说，人民币汇率是由中国央行控制的，这些年来基本上都盯住美元浮动。而随着美元走强，人民币对非美元汇率非但不会下跌，反而会上涨。

即使是对美元，从目前情况来看，人民币汇率也只是在区间波动，而大趋势不变，不会暴跌。

其实各国央行都会干预自己的货币汇率，这不奇怪。美联储这些年来对美元的操控不必多说了，2015年瑞士对瑞郎更是干预！而人民币还不能自由兑换，中国央行不但会干预，从某种意义上说，人民币汇率就是中国央行自己决定的。我一直强调：人民币在可自由兑换之前，不存在大幅贬值的可能。

2018年7月3日，中国央行官员打破对近期人民币贬值走势的沉默，相继发声，人民币迅速回升并收复重要心理关口，离岸人民币在纽约交易时段一度录得逾三个月来最大涨幅。

总之，人民币汇率并没暴跌，连大跌都不算，而且要是拿CFETS（中国外汇交易中心暨全国银行间同业拆借中心的简称）货币篮子来计算的话，人民币汇率还在上升。

如今，人民币已经加入国际货币基金组织的SDR货币菜篮子，随着人民币国际使用量的逐渐加大，人民币汇率保持相对稳定是大概率事件。

大家在了解这些背景常识之后，对未来人民币汇率的走势就胸有成竹了，而不必对短期内人民币汇率的下跌过度反应。

人民币对美元的汇率多少是合理的？

随着中国成为全球第二大经济体，在一个特定的时间点，每一份合约、每一笔交易以及每一次结算平台，如果都使用人民币而非美元的话，那么"切割"世界经济和金融"蛋糕"的大小，已经很明显发生了变化。

从理论上来说，人民币使用量增多便意味着原有美元的"蛋糕"被切小了。按照这个逻辑，一个国家的货币使用率越高，该货币就会变得越来越流行，其购买力和信用也将大大地提高；反之亦然。

然而，当今世界上的法定信用货币无需支撑物（比如黄金），就可以自由地印制。其中，美元在全球所奠定的地位——通过世界上主要国家签署的文件得到确立，使它被当作世界货币来衡量其他货币，其优势无可比拟。因此，迄今为止，人民币的购买力远不如美元坚挺。

比如，有人晒出了中美两国的价格差异："在中国，工资5000元，吃一顿肯德基30元，下馆子最少100元，买条Levis（李维斯）牛仔裤400元，买辆车最少3万元（夏利）；在美国，工资5000美元，吃顿肯德基4美元，下馆子40美元，买条Levis20美元，买辆车（宝马）最多3万美元。"

类似的例子还可以继续列下去，尤其是"中国制造"商品，在美国卖得比中国还要便宜！一双耐克运动鞋在中国售价700元人民币，在美国仅售300元人民币左右；一套阿玛尼西服在国内售价3万元人民币，美国仅售价7000元人民币；一个苹果平板电脑（iPad）在国内售价4000元人民币，而在美国仅售3300元人民币。

出现上述状况的原因，是由于出口美国的商品只能用美元结算，再加上商品的定价权在美国手中。例如粮食、水资源以及发展经济所需的石油、钢铁等大宗商品的定价权都掌控在美国手中，这保证了美国人长期享受着低通胀的美好生活。

而美联储的一大功能就是将美国的核心通胀率控制在2%的范围内。近20年来，美国物价波动极小，可以说是非常平稳。反观中国，近些年来通胀率已徘徊于5%左右，物价上涨幅度大可以说是民众一个普遍的感受。

近几年，华盛顿不断地对中国政府施压，要求人民币升值。人民币升值的显著结果，就是同一种商品在两国间产生了不同价格。美元（相对人民币）对外贬值，而人民币实际上是对内购买力贬值，所以这一进一出，自然就形成了相比中国美国物价偏低的现象。

不过，在现实生活中人民币也并非真那么不值钱。比如，但凡非国际品牌的商品，例如土特产品，以及保姆和钟点工等，中国的就比美国的要便宜。中美物价各有高低，不能一概而论。在美国吃喝穿用确实是便宜一些，但那些只是美国生活的小头，真正的大头恰恰是短期到美国旅游的人所感受不到的。比如，美国的地产税为1%~3%，视不同地段而定。一栋市值50万美元的房子，每年要交付1万多美元的地税，这在中国是不能想象的，就好比青菜和萝卜，有时候并不具备可比性。

所以，英国《经济学人》杂志推出的"巨无霸指数"，是一个非正式的经济指数，在假定购买力平价理论成立的前提下，来测量两种货币的汇率理论上是否合理。这种测量方法以各国麦当劳餐厅的大麦克汉堡价格相对于该国货币汇率作为比较的基准。

因为麦当劳几乎等于美国文化和生活方式，已成为全球化标记，一个国家的麦当劳价位，反映了这个国家的经济与消费能力。

结论就是中美物价各有高低，不能一概而论。但凡是国际品牌，由于美元定价等前文提及的原因，在国内的价格较高，不过，国内很多东西的价格却非常便宜，只要不是国际品牌的东西，如人工、土特产等，国内的售价还是比美国便宜很多。

综上所述，美元兑人民币在6.5~7.0（正负偏差在10%之内）之间在目前可算是相对合理的汇率。

美元的特殊性使得美国成为"世界银行"，不久前美联储宣布："只要美国经济强劲就加息。"当前，人民币贬值导致美元升值，强劲的美元对企业利润增长是负面的，特别是跨国公司，比如百胜餐饮集团（Yum! Brands）和苹果公司等。由此，美国的经济增长率可能会降至2%以下，不足以支持加息——也难怪这次人民币贬值，遭遇到美国政客们的攻击。

但是，人民币要成为全球认可的国际储备货币，不可能处于长期升值的趋势，此轮汇率大幅波动，是逐步走向市场化的必然，汇率随时上升下降应该成为新常态。从长远来看，人民币依然是强势货币，汇率上升是大概率事件。

而一些美国经济学家对人民币贬值有着不同的理解：在美元升值的时候，另外几大货币都在贬值，只有人民币没有贬值，还跟着美元上升，人民币实际和名义有效汇率指数创了历史新高，这实际上是一个错误的决策，现在弥补正合适。

黄金真的能保值吗？

新闻案例

纽约商品交易所黄金下跌

新华网　2019年1月5日

新华社快讯：纽约商品交易所黄金期货市场交投最活跃的2月黄金期价4日比前一交易日下跌9美元，收于每盎司1285.8美元，跌幅为0.7%。

黄金自古以来就具有国际硬通货的属性，价值稳定。而社会发展至今，黄金作为金融产品更有强大的避险作用，即使遇到巨大的市场风险，因为国际硬通货的避险属性，黄金的价值也不会变为零，比较稳定。而如今奢侈品、电子工业等领域对黄金更有巨大需求，黄金价格居高不下。

对于很多投资者而言，黄金在2018年失去了不少光彩，随着美元不断走强，黄金价格在2018年特别是下半年不断下跌。那是因为黄金价格在2018年面临三大主要风险：利率上升，美元强势，股市波动幅度相对较小。

但是有句话叫"盛世古董，乱世黄金"，那我们投资黄金真的能保值吗？

古老货币黄金的转身

黄金与银、铜一起充当货币历史悠久。汉语里有"金钱"这个词，在中国人的思维里，很自然地把黄金与货币联系在一起：金子就是钱，钱就是金子。19世纪英国批判现实主义作家查尔斯·狄更斯在《董贝父子》中描写了这样一个故事情节：董贝的儿子问他什么叫钱，董贝告诉儿子，金子、银子和铜就是钱。

黄金的熔点低（1064℃）、柔韧性好、化学性质稳定、不易氧化，是铸币的极佳材料，因此，黄金货币成为贵重金属货币家族中最光彩夺目的一员。很多人都知道牛顿是英国物理学家、数学家，但很少有人知道他还是炼金术士。1717年，牛顿在主管英国皇家铸币厂期间把黄金的铸币价格定为每盎司3英镑17先令10.5便士，镑的这个"含金量"一直延续到1931年，2014年保持不变，历史上英镑币值之稳定由此可见一斑。

用黄金作为货币，它的优点同时也是它的缺点。就拿稀缺性来说，由于黄金过于稀缺，内在价值很大，在购买诸如一包火柴之类的小商品时让支付变得非常困难，因为所需的金子微薄得像头皮屑一般，无法用手拿取，只能把金子从钱袋里倒在光洁的桌面上，把应该付款的那点金币用舌尖小心翼翼地舔起来支付给店主。

黄金熔点低、比较柔软，这就给伪造货币和从金币上切削黄金带来便利。不法分子可以把金币熔化，重新铸造，要么质量不足，要么向里面掺入廉价金属。甚至普通百姓也可以"偷"金币上的黄金，在金币的边缘上切削一小块。为了防止人们切削金币，后来就在金币的边缘上轧上花边，如果有花边缺损，就证明有人在金币上做了手脚。

此外，金币在正常流通中也会因磨损而不断"瘦身"。人们手中有货真价实的良币和缺斤短两、成色不足的劣币时，总会先把劣币花掉，把良币留到最后花，或把良币熔化按成色十足的黄金商品出售，以获取更高的价值，这就是俗称的"劣币逐良币"，即"格雷欣法则"。1529年，法国国王弗朗索瓦一世支付西班牙的战争赔款，西班牙人花了4个月的时间来清点这笔赔款，从中挑出了4万个劣币并拒绝接收。

慢慢地，纸币就替代了黄金等金属货币，因为纸币便于携带和支付，币值标注很容易，不到巴掌大的纸上，想印多少就是多少。一开始规定一张纸币里含有多少黄金，纸币和黄金可以互相兑换。例如，1934~1967年1美元的含金量一直是0.888671克，政府要想印一张面值为100美元的钞票，必须有88.8671克的黄金支持，金库里没有增加这么多黄金，钞票就印不出来。在这种用黄金支持纸币的金本位货币制度下，钞票与黄金是等值的，钞票就是黄金纸。

但用黄金支持货币束缚了政府的手脚。政府需要钱，如果增税，百姓会抵制，可没有黄金又印不出钞票来，这可难坏了政府。于是，政府便狠心废除金本位制度，让货币与黄金脱钩。这样，政府不需要增税，也不需要黄金，需要多少钱就印多少钞票，可以很容易地解决政府的庞大开支。所以，政府超发货币的本质就是征税，因为流通中的货币增加了，就会诱发通货膨胀，导致物价上涨，政府就这样把百姓腰包里的钱"偷"走了。

什么是货币确实很难说清楚，教科书一般含混地把货币定义为"在任何交易过程中流通的、充当产品或服务的通用的计价单位的物品"。但究竟是哪些物品，大名鼎鼎的诺贝尔经济学奖得主米尔顿·弗里德曼也说不清楚。他给货币的定义更让人丈二和尚摸不着头脑："货币就是货币干的那档子事儿（Money is what money does）"。如果19世纪就有电子货币，可以在互联网上甚至拿张借记卡或用手机转账支付，估计马克思也不会说"货币天然是金银"了。

虽然很难给货币下一个精确的定义，但货币必须具有的三大功能几乎是公认的，即交易媒介、价值尺度（记账单位）和价值储藏。现在，人们不能把黄金作为交易媒介，也不能用黄金为商品或服务标价或用黄金作为记账单位，现在的黄金充其量只具有价值储藏功能。黄金只具备货币三大功能中的一个功能，显然不能再称其为货币。

2011年7月13日，美联储主席本·伯南克在国会报告货币政策时，联邦众议员罗恩·保罗问他"黄金是货币吗"，伯南克这样回答："黄金不是货币，它是一种资产，就像国债是一种资产一样。"

黄金的需求并不"刚性"

在过去多年里，中国的黄金和白银投资需求呈爆炸式增长。中华民族是一个传统上对黄金很有偏爱的民族。黄金寓意吉祥富裕，象征权力、地位，在中国人心中一向有特殊地位。在很多重要时刻，如嫁娶、寿宴、新春、添丁等，老百姓都喜欢将黄金作为礼物。中国自古还有"乱世买黄金"的说法，就是说，每当危机来临时，人们总是希望借助一种便于储藏财富的优质货币（或商品）来渡过乱世，并期望财富代代相传。以上的内部原因都解释了中国人买黄金的热情。

而在外部原因上，美国金融危机远未平复，世界对以美元作为保值的货币失去了信心；欧元区和日本经济形势更不容乐观，欧美股市高处不胜寒，而中国股市有心无力，其他商品也在高位。特别是通货膨胀预期上升，看来看去，好像就只剩下黄金这个最后堡垒能确保财富的价值了。

真是这样吗？

在回答这个问题之前，让我们先翻开资本的发展史来了解一下金本位的建立和崩溃。在资本主义发展初期，采用的货币制度是银本位。随着生产力的迅速发展和提高，对货币的需求猛然增长，银本位逐渐被金本位取代。所谓的金本位制，就是每单位的货币价值等同于若干重量的黄金（即货币含金量）。尽管黄金比白银贵重，但金属货币毕竟有限，当财富越来越集中在少数人的手里时，社会流通的货币就少了，这无疑阻碍了经济的发展。以20世纪大萧条为例，因为生产出来的商品无法兑现，形成所谓的产能过剩，生产力大大超过了黄金的总量。如果说那是金本位制惹的祸大概也不为过。就因为实行金本位制，当年无法通过大量发行货币来缓解压力，银行纷纷倒闭。当然，最终受害的还是普通百姓。

后来，美国总统罗斯福发布新政，其中有一条是把美国民间所有的黄金都收归国有，从而废除了金本位制，然后又发行信用货币，这才渡过了大劫难。但这也只是保证不再有人饿死。据说美国在大萧条中饿死的人占当时总人口的7%，足可见金本位制之恐怖。

资本发展到了现代社会，虚拟货币——信用货币（非金银）的出台促进了贸易的发展。在资本市场上筹集的大量资金，帮助科学与技术取得突飞猛进的发展。信用货币取代金本位的过程告诉我们，期望以黄金来保住财富是不靠谱的。历史证明，财富就像流动的水，绝不可能静止不动，否则就是死水一潭，早晚会枯竭。

在一般认知中，黄金乃稀有贵重之物。全世界所有黄金放在一块儿，也只能装满一个奥林匹克比赛用的游泳池。但是自从脱离金本位的那天起，黄金就降为普通商品了，即使再贵重也只是商品。而任何商品都有一定的合理价位。两三年前，一份有关黄金提炼成本和预期利润的分析报告指出：黄金的合理价位应该在每盎司400美元左右。当时美元还处于弱势；就算这几年美元贬值25%，黄金的合理价位也不该超过800美元/盎司。

而一旦进入市场，黄金的价格就将根据"供求关系"来确定。请注意，这里的"求"是指"刚需"的求，不包括炒作投机的"求"。《科学》期刊里曾有篇文章提到，"据科学家推断，地壳中的黄金资源大约有60万亿吨，人均1万多吨。截至2005年，人类采掘出的黄金不过12.5万吨，约占总储量的六亿分之一，人均只有20克""因为提炼黄金的技术落后、工艺复杂、不能规模化生产等，决定了它稀有、市价高"。如今科技发达，黄金不再受产能所限，再生金、合成金等大量出现，挤占了它作为饰品原料的市场份额。"

当一种商品的价格达到一定高度，人们没能力购买时，需求就会下降，黄金也不例外。比如印度人和非洲人，可以说是世界上最喜欢佩戴黄金饰品的民族，恨不得全身上下被黄金包裹。可如今金价这么昂贵，首先就逼迫他们退出了购买的舞台；其次，黄金在工业上的重要用途，大部分早已被其他金属替代了。所以说，黄金的"刚性需求"并不刚性。

黄金保不保值要看买入价

炒作投机之"求"所带来的正是合理价位之上的泡沫，也就是说，再值钱的商品也要看你在哪个价位买入。在合理价位之下买入才会物超所值，起到保值增值的作用。一旦超越了合理价位买入，你便进入了一场击鼓传花的游戏，即投机炒作的零和游戏。只要没人接你的棒，你就成了最后的那个"傻瓜"，你所投入的钱便落入了他人的腰包。而投机客正是趁着价格的暴涨暴跌获利。芝加哥期货交易委员会的调查就证实，2008年上半年油价上涨，70%是投机行为推动的；2008年下半年油价下跌，80%是投机行为造成的。

你可能要问，投机和投资到底有什么区别？当你买入一个金融产品之后，如果是指望这个产品能不停地产生收入，比如定期得到利息分红和房租收入，这叫投资；投资的收益是来自投资物所产生的财富。如果你买入一个金融产品后，是想以更高的价格卖出，比如股票、房子、黄金的低买高卖，那就是投机；投机的收益,是来自另一个投机者的亏损。

只要弄清了投资和投机的区别，金价在无刚性需求的情况下还能惊人高涨就不难理解了。其实要论投机回报，近两年，大蒜、绿豆的价格都能翻番，和田玉的价格涨幅更是超过了百倍；黄金的飙升速度也远不如它的"弟弟"白银。

大家是不是常听人念叨：某人几年前买入黄金，现在财富翻了几倍；某人几年前在北京、上海买了几套房子，现在已是千万富翁了。没错，这些恐怕都是事实，因为发财的故事往往被人津津乐道，而亏钱的窝囊事儿可没人愿意提。但问题在于"千金难买早知道"，类似的话也可以倒过来说。譬如20世纪末，在".com"疯狂的时候，纳斯达克指数曾高达5000多点。如果那时入市的话，你可冤大了，10年间纳斯达克指数曾一路跌破1000多点。

更极端的是日本股市，从1990年的40000多点，一路下跌至十几年前的

7000多点。近几年依然在10000~20000点之间波动。再要爬上40000点，看来真是遥遥无期了。投机楼市也一样。美国房价从2006年7月开始自由落体，专家预测将跌回1998年甚至1996年的价位。想回到2006年时的价位，道阻且长。日本东京的房价曾较最高点跌去90%，迄今东京房价和最高点相比依然腰斩，很多人到死可能也等不到解套。中国的A股也一样，谁要是在当年最高的6000点时进入，那就别对"解套"抱太大希望了。就连华尔街那位曾鼓吹A股会破10000点的"死了都不卖"先生，如今也只好尴尬地找了个台阶："将那些股票留给孩子吧"。真可谓"愚公移山"，反正子子孙孙是没有穷尽的……

　　如果你不幸是后面那些故事中"最高点买入，撑不住而抛"的倒霉蛋，那么你"割肉"的钱恰恰就奉献给了前面那些故事中低买高抛的人了。

　　美国著名经济学家杰里米·西格尔教授在分析了过去200年中几种主要投资品的收益后发现，如果在1801年以1美元进行投资，到2003年的结果是：投资美国股票的1美元将变成579485美元，年化复合收益率6.86%；投资企业债券的1美元将变成1072美元，年收益率为3.55%；投资黄金的1美元将变成1.39美元。这里的收益率是扣除通胀后的实际收益。而如果持有现金，那今天1美元的购买力只相当于200年前的7美分，剩下93%的货币购买力都被通货膨胀侵蚀了。可见，黄金的真实长期投资收益率远不如股票，甚至还不如债券，抗通货膨胀更是完全不可能的事。

　　其实，黄金不能保值的根本原因在于对黄金投资没有利息收益，这决定了黄金只能靠价差获利，在金融市场中，只能是投机品，而非投资品。100年前你买了一根金条，100年后它还是一模一样的金条，因此在本质上难以估价。这样的现实就决定了金价的走势取决于人气和市场心理，尤其是避险需求有多大。只要黄金趋势已发生了根本性扭转，暴跌可以发生在任何一天，也不需要任何理由。

小心，别做击鼓传花的最后接手人

自2008年金融危机以来，全球各国在一轮又一轮的救市政策中放出了天量的资金。通过华尔街所用的金融化手段（即证券化或期货），尤其在全球对冲基金的推波助澜下，借助于一个又一个传奇故事，黄金、白银、石油以及全球各种大宗商品的价格被推向一个又一个新高。熟悉看懂财经新闻四大原则的人会知道，这就是炒作和投机，使得资产价格脱离了合理价位而出现泡沫。很显然，天量资金通过杠杆，令金、银等贵金属产生了天量的泡沫。比如，黄金价格从2008年第四季度末的790美元/盎司左右，上涨到2011年的1923美元/盎司，涨幅高达243%。

然而，只要发生哪怕微妙的变化，如交易所的去杠杆化，市场会立刻做出反应，认为资源类商品泡沫过大，像索罗斯那样敏感的金融大鳄就会做空。只要一点火星，便会导致资源类商品泡沫的破灭。有史为鉴，是泡沫就终归要破。通常情况下，泡沫从哪儿被吹起，最终就会回落到哪儿，这是无法改变的现实。2013年4月，这场30多年来最大的黄金跌幅瞬间抹去了全球贵金属储备1万亿美元的价值。没能及时跳过这一劫的投资者真是欲哭无泪。

巴菲特有句名言："在别人贪婪时，你要恐惧。"意思很简单，一旦经过理性的分析，了解到哪些热点出现了泡沫，就千万别去凑热闹。大家都怕现金会贬值，但如果一不留神在高位买入"泡沫商品"，那就不是贬值的问题了。这会儿，相信被"套牢"的投资者应该明白了，他解套的那天，其实就是下一个"傻瓜"接棒的那一天。

其实，名画、古玩能不能保值的问题和钻石、黄金一样。曾经美国一位著名画家的三幅现代画拍出了100万美元以上的高价，后来知情人士才透露，其中有两幅画是他女儿四五岁时的涂鸦之作；还有一幅画则更离谱，是家里一条小狗的大作！前几年被炒得沸沸扬扬的圆明园兽首拍卖事件也很夸张。一位收藏家披露说，10多年前他曾经收藏过一个兽首，是在一个跳蚤市场花

2000美元买来的。

2011年以来，金丝楠行情突然爆发，成为最疯狂的木头。高峰时，一根金丝楠乌木从最初的几万元，被炒到了几千万元的天价，但疯狂过后的行情又让人措手不及，2017年年底，金丝楠乌木突然大跌，从几千万元一根，一路跌至目前两三万元一吨，又成了一个投机品的典型案例。

除了"名画"和古玩，像名表劳力士、名车劳斯莱斯、名包LV等，它们的卖价也远远超过其真实的价值。也就是说，这些东西的"价值"在于下一个买家愿意出多少钱来接手。如果有闲钱买来亵玩一下倒也无妨，但它们本身无法带来收益，所有的收益都取决于下一个买家。指望保值、增值，那就和我们小时候玩过的击鼓传花一样，得祈祷下一个傻瓜出现了。

博傻理论（greater fool theory）是指在资本市场（如股票、证券、期货市场）中，由于人为炒作和投机，人们完全不管某个东西的真实价值而愿意花高价购买，因为他们预期会有一个更大的笨蛋会花更高的价格从他们那儿把它买走。博傻理论告诉人们最重要的一个道理是：在这个世界上，傻不可怕，可怕的是做最后一个傻子。

黄金是"延续6000年的泡沫"

英国券商ADMISI的大宗商品分析师保罗·迈尔奇利斯特（Paul Mychresst）在他发表的最新报告中称："伦敦作为全球黄金市场中心的地位和声望正处于危险之中，除非伦敦金银市场协会、英国央行和其他股东进行迅速而广泛的改革。"

迈尔奇利斯特依据的是伦敦金银市场协会、英国央行金库的存金数量，以及海关总署的英国黄金净出口数据，计算得出伦敦现货金（不包括交易型开放式指数基金和央行所持有的黄金）盈余已经为负数。

因为在过去四年中，银行根据市场需求大量出售"纸黄金"，可能已经没有能力承担偿付责任，因此造成伦敦市场的现货黄金短缺。

这份报告的英文原名是"Death of the Gold Market"（黄金市场之死）。其实，类似的分析报告几乎每年都有，而这类"新闻"在欧美甚至连有公信力的一线财经媒体都上不了。不过前几年，中国有些专家就是以这类报告为主要根据之一，鼓吹黄金要涨至5000美元/盎司以上甚至涨至10000美元/盎司。而这几年，金价走势恰恰相反，曾经涨到最高位的1920美元/盎司，之后不断地进两步、退三步，一路跌至目前的1200~1300美元/盎司。

而从金融角度仔细分析一下就会知道，无论有多少纸黄金要求兑现成实物黄金，经由纽约商品交易所（COMEX）和伦敦建立起来的分数黄金体系（类似于分数储备银行体系）都能满足其偿付责任。

虽然全球宽松的货币政策导致亚洲市场对实物黄金的需求越来越强劲，然而有趣的是，相比实物黄金短缺的问题，我们不必为纸黄金价格表面的上涨担忧。因为随着纸黄金在黄金市场的价格越高，抛售黄金的卖方就会增多，而正负相抵，市场对实物黄金的需求就会降低。

就拿对黄金需求最大的央行来说，近年来，除了中国央行和俄罗斯央行买入全球央行购买黄金总量的85%，绝大多数国家的央行对黄金的需求大幅消退，这几年，加拿大央行甚至抛空了所有黄金。

黄金自1971年彻底和美元脱钩之后，就已经失去货币的属性降格成为大宗商品，渐渐失去了往日的光彩。因为黄金既不像货币能带来利息，也不像储存实物，黄金还必须支付保管费。

不过，华尔街利用几千年来人类对黄金的特殊情结，使其成为华尔街最佳的金融炒作工具。尤其在过去的44年间，黄金至少出现过6次泡沫以及崩盘的周期：1974~1976年、1981年、1983~1985年、1987~2000年、2008年以及2013年至今。

其次，黄金只是一种大宗商品的概念，对于投资黄金的人来说恐怕是个噩梦。因为它不像消费石油或大豆，开采出来的黄金只有1/3被用于珠宝和工业用途，其余的只是被压在保险箱里了。如果黄金持有者决定转移资金，投资另一个不同的资产类别，将不断地蚕食锁在保险箱里的黄金价值。

因为资本永远是逐利的。当一种商品被低估的时候，人们就会买入，以求高价卖出获利；同时，当一种商品被高估时，人们也会高价卖出，以求低价买入时获利，这是资本市场的属性，作为大宗商品的黄金也不例外。

举例来说，当金价处于相对低位的时候，索罗斯顺势唱空，忽悠他人低价卖出，而随着金价的反弹，他唱空做多获利。目前，金价被炒反弹接近1300美元/盎司，索罗斯反倒唱多——只要长久关注索罗斯就不难看出，他又在唱多做空，忽悠大众进场接棒了。参考看懂财经新闻的四大原则之二——"专家"的话要辨别，你就不会轻易被"专家"牵着鼻子走了。

对于央行来说，如果对自己发行的货币的信用信心不足，黄金储备可以起到保险的作用。但是对于普通百姓来说，喜欢黄金做饰品无可厚非，但想作为投资品就会大失所望。

事实上，花旗首席经济学家威廉·比埃特（Willem Buiter）曾尖锐地指出，黄金并没有那么值钱，只不过是"延续了6000年的泡沫"而已。听听他怎么解释：

"黄金不同于其他任何商品，唯一和它最像的东西只有比特币等类似的虚拟货币。黄金从地下开采出来，冶炼至一定的纯度，这是非常昂贵的。而且储存起来也很昂贵，这一点和比特币很像。此外，黄金也没有太大的工业用途，其所有的工业用途都有与它类似或更优的替代品。

"黄金只不过是另一种形式的法定货币，它之所以具有价值，是因为人们相信它有。

"黄金有价值，并不是因为它可以用来缴政府的税收，也不是因为它可以被国家用来偿还债务。相反，法定货币的定义表明，它没有内在价值。黄金的价值仅仅来自大量的经济行为证明人们相信它有价值。

"作为一种法定的商品货币，黄金有可能在其他货币贬值或失去信用的时候出现升值。虽然黄金是一个纯粹的泡沫，但这个泡沫可能还会再延续

6000年。"

比埃特说,在今后的6000年里,黄金的价值可能会从1200美元/盎司升值1500美元/盎司,甚至5000美元/盎司。将大量的资金用来投资一种没什么价值的商品,而其大部分价值只是来源于不断地自我激励,想想就令人兴奋不已。

根据比埃特绘制的自1790年以来黄金的名义价值和通货膨胀调整后价值的对比图,显然,黄金无法抵御通货膨胀。既然黄金无法抵御通货膨胀,那金市就是零和市场,即一部分人的钱流入另一部分人的腰包里,再扣去交易成本、经纪费用等,亏钱的人肯定超过赚钱的人。而你进入金市后,要是不知道谁在亏钱的话,那亏钱的人就一定是你。

为何各国央行储备黄金?

最后,回复一下读者对于黄金询问得最多的问题:"既然黄金不是投资品,也不保值了,为何各国央行都储备呢?"

由于几千年来,人类对黄金产生了一种宗教般的信仰——黄金情结,央行储备一定数量的黄金,其实是给货币持有人吃一颗"定心丸",使之相信政府不是在凭空印钞票,而有黄金这"压箱底"的资产来作为信用担保。用一个词来形容央行这一举措:"保险"——其实,央行储备黄金是作保险之用,以备不时之需的!

而从货币战争的角度来看,央行储备黄金就好似国家拥有原子弹,是货币战争的筹码,但拥有原子弹的目的恰恰是为了不使用原子弹。而对于普通百姓来说,有必要拥有原子弹吗?

事实上,自2008年以来,单上海黄金交易所就已累计交割了6776吨黄金。由于传统黄金进口大国如印度,每年买入黄金量变化不大,显然中国是令金价从2009~2011年大幅飙升的最大推手。而任何一笔交易都是由买卖双方形成，有买家就有卖家。在中国天量买入的同时，金价这两年还依然大幅下跌，正说明欧美在大肆抛售黄金！

显然，一旦中国央行买入量放缓，金价将进一步下跌。

前面足足花了上万字来谈黄金的问题，相信你要是能把黄金问题理解透了，对其他的财经问题也应该能触类旁通了。

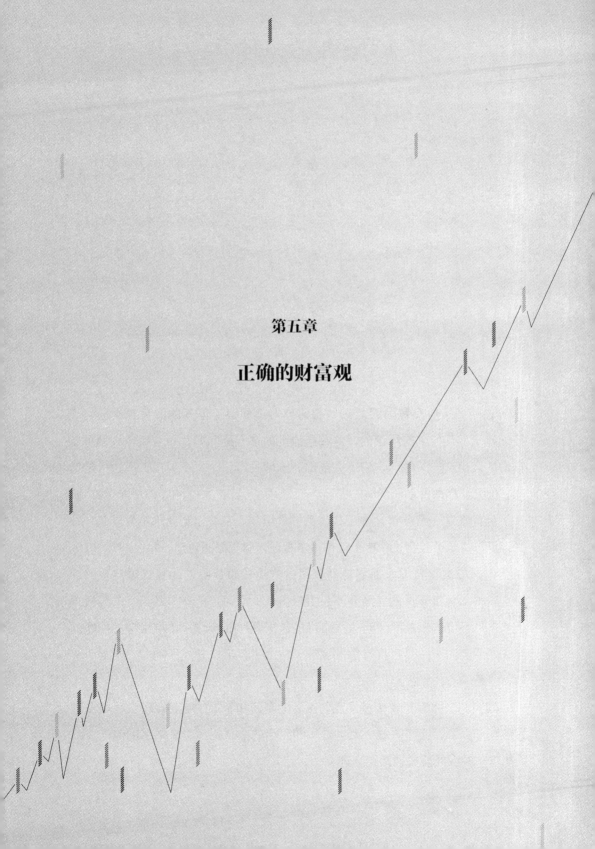

第五章

正确的财富观

在阅读了前四章内容之后，想必你对读懂财经新闻的四大原则已经运用娴熟了。正如之前所说的，这四条原则的核心是回归常识。每个人都可以自由地运用这一条法则，它不需要你有渊博的学识，也不要求你有过人的智慧，你只要稍微多动一点脑筋即可。

我们在这一章要讨论的正是"回归常识"。它可以帮助你删繁就简，拨开迷雾，甚至可能会（希望）让你顿悟真理，感觉醍醐灌顶。

中国应该学美国大力倡导举债度日的消费模式吗？北欧人顺应自然、脚踏实地、健康环保的作风是不是更值得我们学习？地球极端天气的频繁爆发和自然环境的日益恶化是人类自酿的苦果吗？在全球经济继续挣扎摇摆的今天，照亮明天的灯塔在哪里？你终于住上了豪宅，开起了跑车，吃上了鱼翅，但是——你幸福了吗？

其实，老祖宗早就传授了我们生活的真谛和幸福的真经。可惜，很多宝贝被我们丢了，太多人被一时的繁华和无尽的欲望迷了眼。迷路的时候，不妨想想小时候外婆教的简单道理。

"历览前贤国与家，成由勤俭败由奢。"在过度借贷消费的问题上，"欠债还钱"是常识，"俭节则昌，淫佚则亡"是常识。

"民生在勤，勤则不匮。"在百姓的生活理财方式上，"勤劳致富，一分耕耘一分收获"是常识。

"取之有度，用之有节，则常足。"在对石油等日渐匮乏的能源的使用上，"省能补贫"是常识。

在下一场危机到来之前，未雨绸缪吧！在不慎误入歧途之后，悬崖勒马吧！在千疮百孔的地球一息尚存的时候，亡羊补牢吧！在幸福不小心跌落井中后，赶紧打捞吧！趁一切还来得及。

愿你能在纷繁复杂的财经新闻中发掘到属于自己的珍宝。愿财经让国强盛、民安康、世界更美好。

为人类祈福，为中国加油。

"垮掉的中产阶级"——美国模式

新闻案例

报告：半数美国家庭比金融危机前更贫穷

中国新闻网　2018年8月13日

中新网8月13日电　据美国《侨报》报道，次贷危机摧毁了许多美国家庭，但如今，美国中位数家庭收入高于危机前，失业率更低，整个国家似乎已经从危机中恢复了过来。不过，所有这些好消息都掩盖了一个更大的真相：在财富方面，最贫穷的美国家庭的情况比2007年更加糟糕。

较贫困家庭与财富复苏失之交臂

据报道，美国明尼阿波利斯联邦储备银行最近发布一份报告显示，在对20世纪70年代至2016年美国家庭财富趋势的研究中，经济学家们发现，尽管在2008年金融危机后受到短暂打击，但自那时起蓬勃向上的股票市场，让美国10%最富有的人过得比以往任何时候都好。相比之下，在2016年，收入靠后的全美半数家庭拥有的财富，仅为2007年的一半。

造成这种结果的原因是，较贫困的家庭通常投资于房屋和其他实物资产，而几乎没有资金投入股市，这让他们与金融危机之后的财富复苏失之交臂。

一看标题我们就知道这属于"坏消息"：次贷危机摧毁了许多美国家庭，半数美国家庭比金融危机前更贫穷。美国不可持续发展的经济和消费的模式特别值得我们警惕和学习，了解美国模式为何是错误的，才能避免重蹈覆辙。

人类自进入工业社会以来，实体经济（商品和服务贸易）和虚拟经济（金融资产交易）的规模比实现了惊人的调换。1970年，人类实体经济的规模大约在5.5万亿美元，而虚拟经济总量则不超过5000亿美元。如今，实体经济规模约77万亿美元，而虚拟经济则膨胀到5000多万亿美元。实体财富被疯狂证券化之后，吹起了一个又一个泡沫，1%的人的财富积累越来越快。国际著名财富研究公司Wealth-X发布年度亿万富翁调查报告显示，全世界拥有10亿美元净财富的个人，在2015年已经达到了2473人，为史上新高水平。Wealth-X还发现，这些富人比以前任何时候都更加有钱，他们的财富合计起来较2014年增长了5.3%。与此同时，金融业依然是最盛产亿万富翁的行业。金融让谁富有已经显而易见——反正不是你我普通百姓。

在这样的现状面前，我们还有什么可以做的吗？有，那就是投资自己！人才是社会最宝贵的资源之一，也是经济发展的动力，根据看懂财经新闻的第三条原则以及我们在前几章中分析的，对人的投资、对教育的投资才是最好的投资，社会的财富需要靠创业者和就业者来创造，而良性的发展模式应该为人才更好地提升自我从而为社会服务提供土壤，在这一点上政策的支持非常重要。这样的结论用"回归常识"这最后一条原则来分析也不难得出，凡是违背自然规律的发展模式必不会长久。

近几年来，美国有线电视新闻网连续不断地报道，美国中产阶层经历了收入增长停滞的20年，富人腰包却在不断膨胀，导致贫富分化扩大。

这是一个不折不扣的坏消息，让我们看看它坏到什么程度：占美国家庭总数1%的最富裕家庭目前在美国社会收入中所占份额是1929年以来最高的。根据美国国税局的数据，若计算通货膨胀因素在内，1988年美国纳税人平均年薪为3.34万美元（约22万元人民币），但到了2008年，他们的平均收入不但没有增长，甚至还略有下降，仅为3.3万美元（要是扣除通货膨胀的因素，收入可谓显著下降）；与此同时，占美国人口1%的富人，即年收入达38万美元（约247万元人民币）以上的人群，20年来收入增长了33%。

皮尤研究中心（Pew Research Center）的数据显示，2016年大约有一半的美国人生活在中产阶级家庭，但与中上层阶级相比，中产阶级家庭的收入增长相形见绌。

美国中产阶级的比例从1971年到2011年下降了10个百分点，但此后一直相对稳定。

此外，2016年美国中产家庭的财务状况比2010年要好，他们的收入中值从74015美元上升到78442美元，增幅为6%。不过，皮尤研究中心的数据显示，该涨幅，也没有超过2000年的水平，这显示了2008年经济衰退"挥之不去的影响"。

中产阶级是社会的中流砥柱。这个本应支撑起美国经济的阶级却正成为

"垮掉的一群"。美国中产阶级的陨落将意味着美国梦的幻灭。美国模式错了吗？美国怎么会走到今天的这一步？

美国中产阶级的15个惊人事实

美国中产阶级在2008年金融危机中遭受了巨大的打击，留在他们身后的是一连串的房屋止赎、无数的失业和遭受摧残的健康。以下数据出自美国《大西洋月刊》，显示出的美国中产阶级受打击的范围之广和强度之大触目惊心。

1．全美33%的男性处于失业状态，66.8%的男性拥有工作。这一数据处于有记录以来的最低点，原因是经济衰退和人口老龄化的双重作用。

2．全美74%的人口减少支出。由于各项物价的上涨，从谷物到汽油，74%的美国民众减少了他们的日常支出。

3．地产税提高。彭博社数据显示，美国一个家庭的地产税中值在2005年为1614美元，现在为1917美元。虽然企业税在全国范围内有所下降，各州和地方税收总量实际上几乎增长了16%。

4．数百万美国人未能按时缴付房贷。2011年3月的调查显示，美国1/3的业主所欠的房贷数额高于他们的房屋价值。

5．典型的遭遇止赎的业主已有一年半未还房贷。截至数据发布时，遭遇止赎的业主平均17个月未还房贷；两年前，房屋被迫收回的业主平均11个月未还房贷。

6．全美13%的房屋处于空置状态。美国全国房屋的空置率超过了13%，而缅因州则以23%的房屋闲置率名列全美第一。在被金融危机严重打击的佛罗里达州和亚利桑那州，房屋闲置率各为17%和16%。

7．美国贫困儿童数量在两年里增加了200万。生活在贫困线以下的美国儿童数量在过去两年内大约增长了200万。这是政府在经济衰退期间反贫困支出大幅上涨的原因。

8．美国超过半数的雇员每周收入不到500美元。Tax.com的数据显示，美国薪金水平的中值已经降至26261美元，相对2000年减少了1924美元。

9．美国信用卡债务总量提高了800%。美国当今信用卡债务总量相对30年前增长了8倍多。原地踏步的工资水平和宽松的信用政策让美国中产阶级在进行一些基础性的支付时也选择了信用卡。

10．美国学生贷款数额达9000亿美元。美国学生的贷款总量已经超过9040亿美元，这是有史以来的最高纪录。FinAid.org估计全美学生贷款上涨的速度为每秒2853.88美元。

11．美国破产人数增长了100多万人。150万美国人在2010年申请破产，这一数据已经连续4年上涨。

12．在过去10年中，美国没有医疗保险的人数已经从380万人增长到520万人。

13．医疗费用引发了60%的美国民众破产。即使是拥有医疗保险的人，日子也不好过。美国60%的个人破产是由于医疗费用过高所致，这些破产多发生于已经置业的中产阶级家庭。

14．家庭财富减少了23%。美国家庭净资产中值在2007~2009年间下降了23%。美国有线电视新闻网的报道显示，美国家庭财富净资产中值从2007年的125000美元降至2009年的96000美元。

15．美国25%的家庭所拥有的家庭财富为0，甚至为负值。在2007年，这一数据为18.6%。纽约联储2016年发布的一份报告显示，14%的美国家庭净财富为负值。

美国中产距离穷人仅三月之遥

美国人到底欠了多少债呢？

根据世界经合组织的最新数据，美国财政赤字、欠债金额已达到天文数字，总债务（公司债务+私人债务+国债）约为70万亿美元，平均每一个美国人欠债高达23万美元，折合人民币的话美国人个个都是百万"负"翁。这个欠债包括美国政府的欠债，美国是联邦制，各个州也发债，例如，加州政府已经欠了280亿美元，已资不抵债，濒临破产。

除此之外，美国的各个公司也发债。每个家庭就不用说了，大到买房子、买汽车，甚至买电视机也分期付款，买四五百块钱的床垫也要刷卡分期。这些年来，每个美国人平均每赚100美元，就要用掉145美元以上。很多美国人每月等着发工资还账，每月四五十张账单，都是分期付款，而且很多人往往只付账单的最低还款额部分。

根据美国有线电视新闻网的一个调查，现在美国中产阶层离穷人只有3个月的距离。一旦被炒鱿鱼，领完3个月的失业救济金后，就付不起那些账单了，他立刻就会变成穷人，所谓穷人就是宣布破产。

美国大量信贷消费出现在1971年之后。1971年之前的300年间，包括作为英国殖民地时期，美元和黄金是挂钩的，按照每盎司黄金发行35美元的比例，不能乱发钞票，到1971年以后，美元和黄金脱钩了。在理论上，从那时候开始，美联储可以无限量地发行美元，金融机构包括银行需要钱的话，都能很轻松地从美联储得到钱，得到钱以后它就可以放贷了，所以金融机构开始鼓励老百姓提前消费，放贷以后它赚利息，这是金融机构最基本的利润来源。

在1971年前的300年间，美国的房价保持在家庭年收入的1.6~1.8倍，也就是说，一个家庭年收入3万美元，那么它的房价就是4.8~5.4万美元。1971年以后，因为可以比较容易地得到信贷，房价开始上涨。收入和房价比从1.6倍升到1.8倍、2倍、3倍、5倍，后来一直到6倍。

在美国，房子支出不能超过家庭收入的1/3，因为还有其他方方面面的消费，一旦过了这个比例，他们就没有办法支撑了。美国房价在2006年7月达到历史最高位，那时美国的平均房价是家庭平均年收入的6.2倍。这个比例在国际上来说就是巨大泡沫了，过了没几月这个泡沫就破了。

美国股市已非经济晴雨表

在纽约，每到星期六我总会跟朋友聚会，大家聊聊国际形势，谈谈政治经济，再侃侃千奇百怪的趣闻和琐事，轻轻松松、快乐无比；到了多伦多，每到星期六我照样参加纽约的朋友聚会，不过改成了电脑视频聚会。

可是近几次聚会，打招呼时总是少一个人。问起缺席的原因，朋友们异口同声地回答："加班赚大钱去了。"我为朋友高兴。现在在美国找工作不容易，不怕忙，就怕不忙没事做。

洛克菲勒基金会一项新的研究结果显示，当前美国经济的不稳定性要比近25年来的任何时期都更严重，而且情况只会越来越糟糕。其中，几近失去控制的失业率和高涨的医疗费用是美国民众基本生活结构中最令人担忧的要素，也就是说，越来越多的美国家庭已没有了维持生活的资金、储蓄和退休金。

面对如此残酷的调查报告，再回过头来看一看代表着经济晴雨表的股市，情况似乎没这么糟糕，道指和标普500已经持续了7年多的牛市，而且最近屡创新高；各大企业发布的财务报告表现都还不错，甚至利润还有所上升。

人们对上述现象百思不得其解：为何美国股市已非经济晴雨表了？

其实这种现象很容易解释：企业利润表现良好，第一靠增加销售，这是真正的利润来源，可是这在目前的美国难以实现；那就只有用第二个方法——通过降低成本来实现利润。

在美国，人力资源是企业最大的支出，因此裁员是达到企业"理想"利润的最便捷的途径。然而裁员之后，多出来的工作谁来干呢？就只能请企业现有的员工加班加点。像我在纽约的朋友，老板请他加班加点，他乐不可支，加班按钟点算，时薪比工资多1.5倍（50美元/小时×1.5×4周×8小时/周），每个月可多挣2400美元，节假日的时薪更是工资的2倍。加班不但为老板省下了另雇全职员工的薪酬及各项福利，如高昂的医疗保险费，还巩固了在职员工的职位。在如此恶劣的经济环境下，这似乎是"双赢"的举措。

此外，这些年来美国大企业的高管以股权形式发放的薪酬从20世纪90年代起上升了50%以上，他们的高薪酬是要靠高股价来支撑的，撑高股价是他们获得高薪的终极目标。而股价靠什么支撑呢？利润！因此企业高管美其名曰为股东负责，实为自己的钱袋着想，便费尽心机提高账面利润。他们既然无法通过扩大生产增加销售额来"开源"从而获得高利润，那就只能通过裁员来"节流"了。

美国经济已经陷入恶性循环：越裁员，全社会的购买力就越低，消费信心也就越低迷，企业的真正利润就越下降，于是就只能继续裁员……

面对高失业率和楼市泡沫，银行开始实行信贷紧缩。而信贷紧缩这个"死循环"对美国中产阶层的影响是致命的，越来越多的原来的中产阶层目前只能依赖政府和慈善救济来维持生活，美国的中产阶层在迅速消失。说得夸张一点，信贷紧缩这个"死循环"在谋杀中产阶层。因为这次金融危机中，只有华尔街还在发放上亿美元的大红包，只有大中型企业的高管还拿着高薪。可以预见，当美国经济走出这场危机时，美国的贫富差距将拉得更大，社会也将越来越不平等。

美国的年轻白领本应是美国未来的希望，然而现在他的命运令人担忧。就像我纽约的那位朋友，他的职位或许被外包转移到价格更低廉的国家。这种状况早在十几年前就开始了，比如，大量的"白领"职位被转移到新加坡、菲律宾和俄罗斯等地。

这股潮流意味着什么？一位名牌大学毕业生在电视访谈上坦言自己就是个地道的穷人。他在一家快餐店打短工，跟很多人分租房子，毕业后唯一的"正式工作"是参加Peace Corps（和平组织）。目前在美国许多大都市，这样的年轻人比比皆是。长久以来人们被灌输要成为中产阶层必须拥有大学学位，不然何来体面的工作、像样的薪资？但是现在看来，这条途径越来越受到质疑。

可以这样说，只要企业的高管们以股权作为一大收入，为了确保自己的所得而维护高利润，哪怕纸面的利润再高，在无法提高营业额的情况下就只能裁员，或者将工作职位转移到人工低廉的国家。

2016年，《经济学人》杂志指出：中国的中产阶层有2.25亿人，他们是目前全球最焦虑的人。该文对中国中产阶层的定义是："家庭年收入在1.15万~4.3万美元，即家庭年收入在8万~30万元人民币之间的群体。"

国际上通行的对"中产阶层"的定义，指其收入和财产处于社会平均水平及其附近区间或收入、财产中位数及其附近区间的人员的集合。如按此定义测算，目前我国有3亿多中等收入群体。

这个数据跟中国的现实国情相比，显然不符。

由于现阶段我国社会平均工资收入不高，大多数劳动者的收入处于平均数以下，社会分配格局还远不是市场经济发达国家的"橄榄形"，而是底部偏大、中上部偏细尖的"金字塔形"。

美国模式正在扼杀中产阶层。失去中产阶层的消费动力，美国经济复苏将遥遥无期。中国要学美国吗？请三思而后行。

慷慨背后的秘密——欧美富人为何爱捐钱？

新闻案例

巴菲特再捐赠34亿美元，累计捐款达310亿美元

海外网   2018年7月17日

海外网7月17日电   据福克斯商业网报道，美国富豪沃伦·巴菲

特周一（16日）向5家慈善机构捐赠了价值约34亿美元的伯克希尔公司股票。自2006年承诺将捐出自己绝大部分财产后，巴菲特已经累计捐款达310亿美元。

巴菲特将伯克希尔公司11800多股A类股票转换为1780万股B类股票。随后将其中1770万股捐给了盖茨基金会和巴菲特基金会等5家慈善机构。

据路透社消息，截至周一收盘时，伯克希尔公司每只B类股票的价值约为192美元。

这次是巴菲特连续第13年将其部分资产捐出，捐款标志着巴菲特在履行捐出自己绝大部分资产的承诺。除他以外，比尔·盖茨、对冲基金巨头比尔·阿克曼和脸书创始人马克·扎克伯格也做出了类似的承诺。

根据《福布斯》杂志报道，巴菲特目前的净资产为826亿美元，居世界富豪榜第四名。

2010年，世界顶级富翁沃伦·巴菲特与比尔·盖茨宣布，将捐出自己至少一半的财富给社会。两人不仅已成功劝说40名美国亿万富翁加入到捐赠自己一半以上财富的行列中，还前往中国和印度等国劝说富人捐款。2015年12月1日，美国社交网站"脸书"创始人马克·扎克伯格和妻子普莉希拉·陈在给新生女儿的信中宣布，他们将把其家庭持有"脸书"公司股份的99%（市场价值约450亿美元）捐出，用于慈善事业。

在大家印象中，欧美豪门多"乐善好施"，中国富人则多"为富不仁"。果真是这样的吗？

不捐也得被迫充公

2008年，我在多伦多定居后，许多在纽约的朋友经常开车过来玩。于是，我当仁不让地成了导游。我最喜欢带他们去游玩的景点是卡萨罗马（Casa Loma）城堡，因为城堡的主人、金融家亨利·米尔·柏拉特爵士（Sir Henry Mill Pellatt）极富传奇色彩。

亨利爵士出生时家道中落，父亲只留给他一个银托盘和一只高脚杯。他从电力行业赚到了第一桶金，财富最多时拥有两个1000英亩的大农庄、珍贵的宝马、十几辆名车、几十个仆人和园丁。他小手指上戴的巨大钻戒光闪耀眼，令人目眩。不过最能体现他巨额财富的，是卡萨罗马城堡。

坐落在多伦多上城的卡萨罗马城堡是加拿大最大的私人府邸，是亨利特别为爱妻建造的。城堡外观庄严，有漂亮的大花园和多达98间装饰华丽的套房。建筑内暗藏秘密通道和电梯，还有一个足可以烤一头牛的烤箱……

朋友们每次参观完都禁不住啧啧赞叹。有一位姐们儿直叹说："要是这辈子能住上这样的城堡，死也瞑目了。"我笑道："这样的豪宅，就是送给你，你也住不起啊！"

这其实不是开玩笑，实际上，这栋豪宅连亨利爵士本人都住不起。从第一次世界大战起，多伦多市政府就给卡萨罗马城堡增加了物业税，从每年600加元增加至每个月1000加元。这在当时可是一笔巨款。亨利爵士不得不拍卖艺术品和家具以支付税款，最后因为负担不起27303加元的物业税，他和太太只得搬离了城堡。

可怜的亨利后来搬进了一处窗户正对着卡萨罗马城堡的小公寓，每天忘楼兴叹。亨利身边唯一值钱的东西只剩手指上的大钻戒了。亨利爵士"弃城"而去后，城堡最终被多伦多市政府收归，如今作为博物馆对外开放。

这类故事在美国也不胜枚举。比如铁路大王范德比尔特（William Vanderbilt，美国有线电视新闻网著名主播安德森·库珀的太姥爷）死后，继承人因缴不起他留下的豪宅"听涛山庄"的物业税，只能将豪宅奉送给美国政府。

有了这些前车之鉴，欧美富人赶着在生前筹划身后事，就不足为怪了。

我曾任职的公司某次接了一位英国皇室成员的大单。这名皇家成员是著名的慈善家，她在非洲有几个慈善基金，专门用来帮助非洲国家建立学校和医院。我们公司所要做的就是帮助这位慈善家通过掉期交易，来免缴政府高昂的税额。公司接到任务后，会计师、律师和分析师全被调动起来，为她量身定做一项10年计划的合约——股权收益掉期合同。

最后做好的这份合同实在太漂亮了，我想在华尔街也称得上是史无前例吧。在这笔掉期交易中，皇室成员在10年内能合法逃税5000万美元，而我们公司将落袋1000万美元。因为股权收益掉期不是证券，完全不受任何监管，也不必向任何人披露，包括税务局。当听说这笔省下的巨额税金也将被投入到其慈善基金中去时，我就疑惑了：既然准备捐出，为何要逃税呢？后来，通过巴菲特、比尔·盖茨设立慈善基金的事例，我终于明白了个中缘由。

比尔及梅林达·盖茨基金会是全世界最大、操作最透明的私人慈善基金。截至2009年年底，基金捐赠规模达335亿美元。基金会有3个受托人：比尔·盖茨、梅林达·盖茨和沃伦·巴菲特。其主要目的是在全球范围内提高医疗保健和减少极端贫困，在美国扩大教育机会和获得信息技术。为了保持慈善基金的资格，基金会每年必须至少捐出其资产的5%，也就是说，每年起码得捐掉15亿美元。

比尔·盖茨和巴菲特为何爱捐钱？

两位巨富的善举令人敬佩。可话又说回来了，任何举动都不会是无缘无故的，背后总有潜在的动机，伟大的比尔·盖茨和巴菲特也不例外。

首先，富人捐赠巨额财富与他们的宗教信仰有关。犹太教徒和基督教徒都把赚钱作为上帝赋予的责任，但同时又相信富人进不了天堂。《圣经》中说："富人进天堂，比骆驼穿过针眼还要困难。"和进天堂得永生相比，在临死前将身外之物都捐了，又有什么舍不得的呢？其中最典型的人物当属洛克菲勒。洛克菲勒是美国最伟大的企业家，富可敌国，而他设立的洛克菲勒基金也是世界上最大的慈善基金之一。洛克菲勒有写日记的习惯，几乎每篇日记里都提到上帝的信仰，有一段是这样写的："我相信赚钱的能力是上帝赐予的……我的职责就是赚钱，赚更多的钱，然后听从良心的差遣，用我所赚的钱，为我的同胞的利益服务……我距离见上帝的日子越来越近了，在剩下的时间里，我应该把更多的精力投入到慈善事业，把上帝给我的财富与更多人分享。"大慈善家卡耐基更说过一句话："把财富带进棺材的人是可耻的。"

除了坚定的宗教信仰之外，富人们倾囊一捐还有个心理因素，那就是与我们普罗大众一样——不喜欢缴税。巴菲特曾透露，他每年缴给政府的个人所得税占其收入的比例（税率）比他秘书的还要低。

此外，不喜欢缴税这一点，从盖茨基金的类别上也能得到印证——非经营性私人基金。这是美国国税局为富人制定的一条税法条律，普通收入者永远无法触及。根据此条款，美国富翁建立的非经营性私人基金可以完全免税。建立一个这样的基金，既可免去重税，又可获得社会声誉，何乐而不为？

众所周知，比尔·盖茨拥有的绝大部分财富是微软的股票，市值500多亿美元。百年之后，如果他将财富作为遗产传给儿女，按美国法律需要缴纳遗产税。税率几何？50%上下！以转移产权生效之日的收盘价来核算税额，当日纳税。也就是说，在他的儿女接受遗产的当日，需缴纳250亿美元的遗产税。

比尔·盖茨哪有这么多现金？而且他也无法出售股票。按照惯例，大股东出售股票必须经由董事会同意。如果比尔·盖茨一意孤行，为了儿女继承遗产抛售股票，那么微软的股价就将狂跌，变成垃圾股也是可能的。这样一来，他儿女所持有的股票还有何价值？聪明的做法，就是把股票转赠到一个以他命名的基金里。

巨额捐款去了哪里？

众所周知，美国之所以成为世界第一科技强国，有一个重要因素就是全世界的人才移民。而科研和私立学校正是美国慈善捐款的最大去处。美国一流大学的奖学金几乎都来自慈善捐款，这便成就了人才竞争的利器。目前美国1/3有博士学历的科学家和工程师均来自外籍人士，其中有22%来自中国。有这么一句笑话：清华、北大是美国名校的预科班。这道出了些许事实。2010年，有一名耶鲁大学毕业的中国留学生回国后赚了大钱，为了感谢当年耶鲁大学给他奖学金从而改变了他一生的命运，他捐给耶鲁大学8888888美元。

除了教育捐款，政治捐款就更明显带有政治企图。如世界首富沃尔玛家族，一直涉足政治捐款，在全美所有势力庞大的公司财团中，政治捐款数目名列第一。这对于沃尔玛成为全球最大企业多少有间接甚至直接的关系。

以上几点，就是欧美富人热衷于慈善事业的主要原因。与其被政府拿去，不如放在自己的慈善基金里，想怎么花就怎么花。事实上，盖茨夫妇将他们的基金像企业般经营着，还落得慈善家的美名，站到道德制高点上，真是名利双收！

你知道在西方谁最爱捐款，捐款平均数最高的资金又是来自哪儿吗？

答案是——黑社会。这是因为他们做了亏心事，想通过捐款得到心理安慰吗？我们不得而知，不过我在做证券交易监控时，必须特别注意的一项就是防止黑社会和某些富人通过捐款，将其黑色或灰色收入洗白。

谈到这儿，发现目前中国似乎有一个趋势，就是要求富人尤其是当重大灾难发生时富人一定得捐款，且金额要巨大，否则就会挨骂，而且还特别以欧美富人爱捐款来说事儿。其实这中间是有迷思的。富人并没有捐款的义务和责任，捐不捐款并不重要，他们的责任是缴税。在北美，美国的最高税率是45.3%（如联邦加州等），加拿大是58%；欧洲更高，北欧富人至少要缴

70%的所得税，最高可达83%。

想想看，要是富人把一半以上的所得都缴税了，我们还好意思要求人家再捐款吗？其实，只要富人依法赚钱、依法纳税、不逃税漏税，就是对社会作出的最大贡献了！

在这里给准备捐钱的富人提个诚恳的建议：真想进天堂的话，所谓"戴相布施"（大张旗鼓地告诉大家自己捐钱啦）是不行的，这样功德太小。只有"无相布施"（匿名捐款）才有效果！

小贴士

世界各国遗产税

美国遗产税制属于总遗产税制，从1976年开始，美国将遗产税和赠与税合并，采用统一的累进税率，最低税率为18%，最高税率为50%，后者适用于遗产额达到2500万美元以上的纳税人。

日本对遗产的课税采取继承税制，即根据各笔继承遗产数额的多少课税，是典型的分遗产税制。对居民而言，不论其继承的遗产是在境内还是在境外，都要对其遗产征税；对非居民，仅就其在日本继承的遗产承担纳税义务。日本继承税税率共分13个档次，从10%到70%。

意大利是实行混合遗产税制的国家，其征税方法是先按遗产总额征收遗产税，然后按不同的亲属关系征收比例不一的继承税。纳税人分为两类：一类是遗嘱执行人和遗产管理人；另一类是继承人或受赠人。对第一类纳税人统一采用第一种累进税率，对第二类纳税人则根据其与死者的亲疏关系采用不同累进税率。

看清经济增长的"幌子"——你被GDP忽悠了吗?

新闻案例

我国经济变局中仍将行稳致远

《经济参考报》 2019年1月2日

2018年以来,全球经济总体延续复苏态势,但动能放缓。展望2019年,鉴于贸易保护主义继续抬头、全球流动性渐次趋紧、潜在的新兴市场货币危机以及地缘冲突等风险因素,全球经济大概率弱势增长。对于中国而言,内忧外患之下,我国经济下行压力仍存,预计2019年我国GDP增速将回落,但是,政策空间和市场韧性仍将助力我国经济行稳致远。

回看2018年,我国经济运行稳中有变、变中有忧,外部环境复杂严峻,经济面临下行压力。一方面,数据显示,2018年第三季度GDP当季同比增长6.5%,是2008年金融危机以来的次低水平;2018年12月我国制造业PMI降至49.4%,触及2016年3月以来新低并首度跌至荣枯线下方。另一方面,我国经济仍稳定运行在合理区间,消费基础性作用进一步增强,经济结构不断优化,新经济引擎作用更强。数据显示,截至2018年第三季度,最终消费对经济增长的贡献率走高至78%;2018年4月以来,我国制造业投资增速已经连续8个月反弹;2018年前11个月,我国高技术制造业和装备制造业增加值同比分别快于规模以上工业企业5.5个和2.0个百分点。

2011年3月11日,日本发生了令全世界震惊的地震、海啸及因此引发的核泄漏事故。地震海啸的画面触目惊心，与电影《2012》的惨烈场景不相上下，震撼着人们的心灵。这些无不提醒着我们：人类何等脆弱，在大自然面前人又是多么渺小。

然而，这不仅仅只是一条灾难新闻。灾难的背后有太多的东西值得人类深思和反省。读新闻不能只读表面，你有没有想过，从经济学角度出发，日本的灾难给了你什么启发？下面我们举一个GDP方面的例子。

针对日本的灾难，各国都展开了热烈的讨论，主要话题围绕继续使用核发电还是关闭核电站？真是众说纷纭。不过，当谈到这次灾难对日本经济的冲击和影响时，经济学家基本分成两派：一派认为，日本经济自20年前发生经济危机，已失去快速发展的20年，目前依然在挣扎中，这次大灾难将至少损失几千亿甚至上万亿美元，对日本经济无疑是雪上加霜，日本经济复苏无望，很有可能再倒退10年。

而另一派则不这么认为，有个著名的经济学家称，如果日本能够控制核泄漏，对其经济可谓坏事变好事，日本经济的衰退将是短期的，从第三季度开始，日本的GDP会大幅上升！因为日本需要花费大量的人力、物力来修复被冲毁的城市，这将刺激日本经济全面复苏。

根据这一论调，似乎以后哪个国家需要GDP大幅增长，只需炸毁几栋建筑、摧毁几座城市即可。这不是挺荒谬的吗？不过，再仔细一想,可不是吗？GDP不就是这样计算的嘛！

什么是GDP？

其实这个论调来自所谓的"破窗理论"。这一理论最早出现在法国19世纪著名经济学家巴斯夏的书里，他假设有人砸碎了理发店的玻璃窗，这一行为虽然造成了破坏，但是理发店老板的"不幸"却是社会的"福音"，因为它将为玻璃生产商制造出商机，而玻璃生产商拿到钱后又可以去购买其他生产商的产品。于是，在乘数效应的作用下，这一行为给社会造成的损害只是一次性的，可是给社会带来的机会却是连锁性的。

按此理论得出的结论是：打碎一块玻璃，提供了无数金钱和就业机会，得大于失。因此，所有灾难都可视为一个增长机会。谈到这儿，你已经明白GDP有多么不靠谱了吧？

事实上，GDP的误区远非"破窗理论"可以涵盖。

再讲一个我听来的笑话。在巴黎一个研究GDP的年会上，经济学家济济一堂。休会时，美国的甲教授和英国的乙教授在大街上散步，赫然瞧见地上有一堆狗屎。甲教授说："仁兄要是吃一口狗屎的话，我就给你100万美元。"

乙教授反问："真的吗？"

"那当然！不过，我要看你吃下去。"甲教授说。

没想到乙教授真的趴在地上吃了一口，眉头一皱，咽了下去。甲教授大惊失色、骇然不已，但君子一言，驷马难追，便只能开了一张百万美元的支票给了乙教授。可乙教授拿到支票后并不高兴，他心想：这要是传开去我吃过狗屎，岂非一世英名毁于一旦？他见甲教授一脸的后悔，就说道："这样吧，你如果也吃一口，我也给你100万美元。"甲教授听罢也毫不犹豫地吃了一口。乙教授也当即给他一张支票。然后两人发誓保守这一秘密。两人在走回宾馆的路上，还继续谈论着这件事，并得出了一个结论：就在前10分钟里，他们俩创造了200万美元的GDP！

这个笑话虽然夸张，却形象地点出了人们对于GDP的某些理解误区。那么GDP是怎么定义的呢？

GDP（Gross Domestic Product）是按市场价格计算的国内生产总值的简称，是指一个国家（或地区）所有常住单位在一定时期内生产活动的最终成果。GDP是宏观经济中最受关注的经济统计数字，因为它被认为是衡量国民经济发展情况的一个重要指标。它涉及的是经济活动，是实实在在的。

作为衡量一个国家或地区综合实力的重要指标，GDP是怎么计算出来的呢？如果我们要比较一个人今年的经济生活水平相对去年的变化情况，一个简单的方法就是计算出他去年的全年收入（假定为2万元），然后计算出他今年的全年收入（假定是2.4万元），再计算出今年物价水平较去年变化了多少（假定上涨了5%）。这样剩下的就是简单的算术问题了：今年的2.4万元，扣除物价因素的话，相当于去年的2.29万元（2.4÷1.05），再以这一数字除以去年的2万元，就可以知道此人今年实际的生活水平比去年提高了14.5%。

将同样的计算方法运用到计算一个国家或地区的经济生活水平上，就可以得出GDP的数值。

GDP的前身是GNP（Gross National Product，国民生产总值）。GDP和GNP的主要差别是前者以"国境"为统计界限，后者以"国民"为统计对象。因此，GNP是对一国生产资源的所有者进行识别和统计，而GDP显示的是发生在一国的领土上的生产活动。

从20世纪60年代初开始，以GNP为主导指标的国民经济核算体系被世界主要市场经济国家普遍采用。为了适应人口和企业的跨国流动，从1992年起，联合国规定各国开始使用GDP取代GNP。但除了统计的界限改变之外，统计的内容并没有发生实质性的变更。

俄裔美国经济学家西蒙·史密斯·库兹涅茨（Simon Smith Kuzenets）在20世纪30年代至40年代最早创建了GNP的统计体系的基本框架。他多次告诫美国国会："一个国家的幸福与繁荣几乎不可能由GDP表现出来。"但由美国控制的世界银行并不听从GNP发明者的告诫，他们要利用GDP至强的忽悠功能，把其推荐到各个国家，使发达国家的经济收入在统计数字上得以减少，而增加发展中国家的经济统计数字，这样就掩盖了发达国家和发展中国家之间巨大的差距，同时还能把发达国家实行殖民、掠夺经济的本质隐藏起来。

GDP是越高越好吗?

有时，高GDP所体现的实际是一种低效率和浪费，比如，GDP忽略了对商品质量的考量。人们可能一遍又一遍地购买低价、低耐用的商品，而较少购买贵重的高耐用商品，货币价值体现在第一种情况的比率要高于第二种，因此而低估了真正的经济增长。举例来说，今天的电脑比以往的更便宜，功能也比以往的更强大，但GDP只按货币价值来计算相同的产品，而忽略了对质量改进后的新产品的价值。事实上，新产品的推出也难以准确地衡量GDP，尽管新产品提高了人们的生活水准。

再说了，GDP从来不衡量增长的可持续性。比如一个国家可能因过度开采自然资源而实现了高增长，或因为投资错误分配而使GDP高速增长。例如，大量的磷酸盐矿床曾经使瑙鲁成为地球上人均收入最高的国家之一，然而自1989年瑙鲁的磷酸盐耗尽之后，该国人民的生活水平急剧下降。

而估算GDP增长的主要问题是货币购买力在不同商品所占的不同的比例。当GDP的数字随着时间的推移而贬值之后，GDP的增长在很大程度上取决于所使用的商品篮子，减去相应比例GDP的贬值数字。打个比方，在过去的80年间，如果以马铃薯的购买力来衡量，美国的人均GDP并没有显著的增长；但如果以鸡蛋的购买力来计算的话，其人均GDP就增长了数倍。为此，经济学家通常使用不同的商品篮子来比较不同的国家。

另一个计算GDP价值的错误来自存在于跨国界商品中的质量差别，哪怕经过购买力平价的调整。因为在比较跨国购买力时，会出现寻找类似商品篮子的困难，使这类调整具有汇率方面的争议。例如，生活在A国的人消费梨子的数量与B国的人相同，但A国的梨子比B国的更清甜，这种材质的差异决不会出现在GDP的统计数字里，尤其是住房，它不可能放在世界市场上进行交易。因此，跨边境转让定价的贸易就有可能扭曲进出口贸易的真正价值。

最重要的一点，在发展生产的过程中给生态系统造成的损失也没有计算在GDP之内。由于GDP夸大了对经济福祉的计算，忽略了外在性的损失，在高度依赖资源开采的国家生态足迹里，其GDP和GPI（Genuine Progress Indicator，真实发展指数）之间的差距可能非常大。比如清理漏油的费用被包括在GDP的计算之内，但环境恶化的成本却并未计算在内。

另外，GDP的计算还包括不产生净值的变化或灾难造成的重建数据，例如，因战争或自然灾害的重建提高了GDP的经济增长率。日本的地震海啸也在此列。

清朝时中国曾是GDP第一大国，1700~1820年间，中国GDP更曾一度占全球的32.9%！即使在抗日战争之前，我国的GDP也远高于日本，显然是大而不强。而美国20世纪大萧条之后的真正复苏其实是第二次世界大战之后，因欧洲被打成了废墟，美国成了世界工厂，美国的GDP才上升至真正创造财富的体现。

因此，GDP的计算方法显然缺乏完整性，不能准确体现出是否真正创造了财富；而且一个国家的高GDP增长并不能代表国家的真正强大。目前许多官员都热衷于高GDP，追求"灿烂"的政绩，老百姓可不能再被GDP误导了。

欲望无休止——谁让我们远离了幸福？

新闻案例

让消费回归简约自然

《人民日报》　2018年7月12日

消费返璞归真，折射出人们对资源共享、情感共鸣、价值共存的期待。

近日，日本社交网络上出现了按价位将名牌包排序的"鄙视链"，随即引发如潮批评。不少人晒出自己的背包，无论是皮包还是帆布包，哪怕是米面袋，都可以很有个性。买得贵不如买得对，物品价格不等于附加价值，正在成为许多消费者的共识。

不只是日本，近些年来，发达国家奢侈品消费有转凉趋势，而一些优质的平价商品却实现了市场、口碑双"逆袭"。消费趋势的变化，背后是消费理念的升级。有学者将近百年来的日本消费趋势划分为四个阶段：第一消费时代，西式生活备受推崇，富人群体开始看电影、逛百货商场；第二消费时代，家庭变为消费中心，普通家庭也能买彩电、买汽车；第三消费时代，收入不断提高，商品愈发丰富，消费以个人为中心，人们"砸钱"买品牌、扬个性；随即而来的第四消费时代，消费开始"去中心化"，品牌不重要，讲究性价比。相比挥金如土，新消费中的舒适简洁、社交功能更让人看重。

不汲汲于虚浮，理智而从容，是社会走向成熟的必然。除了日本，不少国家都呈现了类似的新消费方式与心态：共享经济方兴未艾，奢侈消费与平价消费此消彼长，审美偏好趋向简约自然……消费返璞归真，折射出了人们对资源共享、情感共鸣、价值共存的期待。消费关切从"物质"回归"人"，心灵会更满足，人际关系会更和谐，生活也会更加多姿多彩。

2010年秋，导演奥利弗·斯通带着他时隔23年的华尔街题材新作《华尔街2：金钱永不眠》（*Wall Street 2: Money Never Sleeps*）席卷全球。这部《华尔街》续集来得正是时候，贴切地呼应了当前的经济环境，一上映就跃升北美票房第一。

不从娱乐角度出发，单从帮助你看懂财经新闻的角度出发，这也是一部好电影。它可以帮助你了解华尔街的游戏规则，了解华尔街人的话该怎么来听。同样，2010年出品的纪录片《监守自盗》（*Inside Job*）从独特的角度探讨了2008年金融危机产生的原因，也是一部能帮助你更好地理解财经新闻的佳片。

《华尔街2：金钱永不眠》在2010年10月15日登陆中国后,首周末票房便突破1500万元。而当《华尔街2：金钱永不眠》之风刮来中国的时候，恰逢央视著名主持人白岩松的新著《幸福了吗？》出版。此书上市后一路畅销。这两股热风让每个人不由得在心里思考：金钱与幸福，它们是相辅相成的吗？它们是前因后果吗？它们在我的生活中到底构成了怎样的关系？

金钱与欲望的罪与罚

揭露人性的影片往往都精彩出众、发人深省，"华尔街"系列也一样。在1987年那个金钱饥饿的年代，《华尔街》中的主角戈登·盖葛的经典语录——"贪婪是好的"道出了华尔街这个资本运作圣地的游戏真谛。23年弹指一挥，华尔街贪婪依旧，这座金钱的不夜城又令《华尔街2》里的人陷入困境。

影片中，昔日雄霸华尔街的股票作手戈登·盖葛从联邦监狱获释之后，披着"贪婪是合法的"外衣再度出山。他摇身一变，成了财经畅销书作家，四处演讲，讲述华尔街的内幕故事。在2008年开始的这场金融危机依然阴魂不散的今天，我们禁不住会问：8年的牢狱生涯是否令他"洗尽铅华"，找回道德的良知？

曾经翻手为云覆手为雨的股市大亨到底不简单，尽管重获自由的那一刻他身无分文，女儿憎恨他，儿子因吸毒而早逝，妻子恐怕早已改嫁，步入豪华餐厅又遭到"街"上昔日同行的蔑视和奚落，但是他骨子里的锐气没有磨灭，言谈举止依然散发着咄咄逼人的个性。不认输的戈登随时准备着重返华尔街再度筑梦。

只可惜在只认金钱的华尔街，失去资本就好似在赌场里没有了筹码，也就意味着失去了一切，戈登要怎么重回江湖？姜毕竟还是老的辣，有经验的赌徒总会为自己留好反戈一击的赌资。进监狱前，他为女儿温妮设立了1亿美元的信托基金，这笔信托基金已沉睡多年。为得到这笔巨资以图东山再起，他不惜利用女儿的男友雅各布·摩尔——一位充满抱负的年轻股票交易员来修复与女儿糟糕的关系，作为回报，戈登答应帮助雅各布复仇，除掉逼死雅各布导师的金融大鳄布莱顿·詹姆斯。

于是，金钱再一次改变了一切。当年那个贪婪的华尔街恶棍又回来了，虽然已白发苍苍，却还别着丝质手帕，品着洋酒、雪茄，狂傲得无以复加。在那片他心之所属的黄金地所向披靡，每一个吹向天空的泡沫，（通过"做空"的手段）全都化为金钱落到了他的口袋。他从女儿那儿骗取的1亿美元，瞬间变成了11亿美元！

道德算什么？畅游华尔街不需要忠诚，不需要负责，不需要信任。

卑鄙的人往往能游得更远。只要不违法，做什么都行，道德在这条街上不值钱。正如戈登所言："资本无眠，就像你的女人，不看紧的话一觉醒来，她便跑得无影无踪，你再也见不到了……"在华尔街的博弈中，贪婪正是资本的本色。

身为股票掮客之子的奥利弗·斯通，用他一贯强而有力的戏剧手法拍出了股市内线交易的内幕，同时借戈登的行径来质疑现代人面对金钱诱惑而普遍出卖灵魂的道德问题。这虽是一部电影，却为我们呈现了华尔街真实而残酷的一面。

金钱能买来幸福吗?

2008年的全球金融危机使许多人的美国梦破灭了，房产变成了负资产，投放股市的退休金蒸发得无影无踪，大家的荷包或多或少都缩水了。面对如此沮丧的现实，西方的大专院校、各类研究所甚至经济学家们都不约而同地展开调研，课题是"金钱能买来幸福吗？金钱和幸福之间究竟是怎样的关系？"

英国沃里克大学（University of Warwick）教授、经济学家安德鲁·奥斯瓦德（Andrew Oswald）在最近一次讲座中公开宣布："一旦一个国家的储藏室通通被填满了，也就无所谓国家正日益富有，进一步的经济增长似乎也不会使公民更具幸福感。"奥斯瓦德是近年来痴迷于研究"什么能使我们幸福"的经济学家之一，他的研究结论是通过采访世界各国不同背景和阶层的人而得出的。

美国国家科学院也公布了一份研究报告，发现在金钱与幸福之间存在着微妙的关联，仅在一定范围内，人们的幸福感会随着收入的增加而增加。这项研究基于国民幸福指数，对数十万美国人进行了调查，并把幸福感分为两种类型：一种是人们每天的情绪状态，另一种是人们对自己生活方式的更深层次的满足。这份报告给了我们一个非常具有魔力的数字：在美国，年收入到达7.5万美元时是最幸福的。对于这个奇妙的数字，如果在10年前，我绝对会当作听了一个笑话而一笑了之，因为在美国年收入7.5万美元太过稀松平常，挣够了这个数就满足的话，要求岂不是太低了？但是现在，我自己和周围众多亲友的经历告诉我，这份报告的结论不假。因为富有的人往往有社会地位较高的职业，他们在工作中往往也享有较高的控制权；可与此同时，他们也会有更高的期望值，时不时会将自己与更富有的人去做比较，而比较带来的往往是烦恼和痛苦。比如我的朋友大龙就深受比较之苦。大龙是我在多伦多认识的朋友。十几年前，大龙带着妻儿一家三口移民到加拿大。大龙是电脑软件工程师，太太之前在国内是做英文翻译的。出国之后，英文成了必需的交流工具，不再是特长技能，大龙的太太等于没了专业。好在大龙顺利地找到了一份不错的工作，没几年，他的工资便涨到了7万多加元，在多伦多这就算是高薪阶层了。生活稳定之后，他们又添了一个活泼可爱的女儿，大龙的太太便待在家中做全职太太。这真是一个典型的北美幸福之家。

大龙可以在闲暇时上上网，跟美国的老同学聊聊天，他因此了解到美国的软件工程师收入很高，特别是纽约的一个老同学，读书时成绩还不如他，如今收入却比他多50%。渐渐地，大龙的心理不平衡了。待他入籍成了加拿大公民后，便开始在纽约找工作。

运气还不错，大龙顺利地获得纽约一家电脑公司的聘用，起薪一跳就是8.8万美元，以当时1美元兑换1.3加币算，大龙的年收入立马增加了50%以上。大龙一家毫不犹豫地搬到了纽约。到了纽约之后，才知道纽约的房价比多伦多贵多了，想买一栋和多伦多一样的大房子，价位则更高，扣除每个月的房贷后，一年算下来，发现存起来的钱和在多伦多工作时一样多。大龙当然又不满足了。

在纽约，媒体时常报道华尔街的年底分红奖金丰厚，大龙自觉技术过硬、不比别人差，他的心又活了起来。不久他果真跳槽进了华尔街一家证券公司，底薪又多了1万美元，干好了奖金至少是年薪的30%，如果公司赚大了，奖金是上不封顶的。只是没料到，华尔街非但工作压力大，泡在公司的时间又长，令他跟妻儿聚少离多。不过到了年底时，大龙竟然出乎意料地拿到了跟底薪一样多的大红包，兴奋之情不言而喻，顿时觉得所有的付出都值了。夫妇俩高兴地在郊外买下一栋早先看中的大房子，只是距离办公室所在的曼哈顿更远了。

就这样，大龙每天凌晨5点不到就得起床，先开车到附近的火车站赶头班火车进城，到了曼哈顿再换乘地铁，两个多小时的路程使用了三种交通工具，每天上下班的路上要用去四五个小时，正常工作需要10个小时。加班加点更是家常便饭，并且由于拿的是年薪，所以没有加班费。象征着美国梦的家，反倒跟旅馆似的。如果半夜三更电脑系统出意外，他还必须开车往曼哈顿赶，生活简直一团糟，几乎没有任何闲暇。

此时，大龙和太太才意识到，他们的收入虽然多了点，幸福感却大大地下降了。时间是世上最宝贵的财富，以时间和压力来换取金钱，绝对得不偿失。在电话中，大龙对我说："现在我每天最享受的，是凌晨回家所闻到的草地的芳香……"最为遗憾的是大龙后来离婚了！几个月前，他一个人黯然回到了多伦多。

从大龙的故事中不难看出，假如他不跟纽约的老同学做比较，多想想他自身所拥有的，而不是一天到晚纠缠自己所没有的，他们一家4口或许还幸福地生活在多伦多。他的故事可以用一个金融术语来形容，叫作"比较优势（Comparative Advantage）"，也就是说，不要试图以自己的短板去和人家的长项做比较，幸福感才会常相伴随。

研究幸福的专家说，只有大约15%的幸福与收入、财产或其他财政因素有关，而近90%的幸福来自诸如生活态度、自我控制以及人际关系。几年前，澳大利亚的幸福协会开张，该协会创始人蒂莫西·夏普说："你真的可以提高你的幸福水平，这是我们要教给你的。我们可以让一个幸福'存款'为零的人，在其幸福银行账号里有结余。"

下面这些与钱有关的问题是你应该问一问自己的：

1. 我对我现在的财政状况满意吗？

2. 再多点钱我能活得更快乐吗？

3. 我的脑子里是不是始终有财政的问题？

4. 钱一直是我生活中最重要的东西吗？

5. 对钱的追求一直让我感到不安吗？

6. 我会舍弃原则去挣更多的钱吗？

只要你认认真真地回答以上问题，可能就会改变对钱的看法。其实对于财富，先哲培根早在400年前的《谈财富》一文中就已经谈透了。他写道，"所罗门曾说：'财富多者诱人渔猎，而对于人生，除了徒饱眼福以外又有何用？'"中国古人也说过"知足者常乐"。有些人很有钱，然而还是苦于得不到幸福；相反，另一些人只有很少的钱却也满意地度过了一生，那是因为他们懂得最大限度地享受他们所拥有的。说到底，让我们远离了幸福的人正是我们自己啊！

中国古代智慧的"远亲"——北欧模式

新闻案例

2018年全球幸福度排名：芬兰居首，中国排位下降

《亚太日报》 2018年3月15日

3月14日，联合国可持续发展方案联盟发布《2018年全球幸福度报告》。该报告根据2015年至2017年的多项指标，对世界上156个国家和地区进行了调查，对各个国家/地区居民的主观幸福感进行量化。

在今年的排名中，芬兰挤下挪威高居榜首。二至九名排序依次为：挪威、丹麦、冰岛、瑞士、荷兰、加拿大、新西兰、瑞典和澳大利亚。

中国大陆从第79名下降到第86名；中国台湾从去年的第33名上升至第26名，在亚洲排名第一；中国香港位列第76名。

财富并非决定性因素

《全球幸福指数报告》从2012年起发布，每年一期，在全世界

范围内得到了政府、机构组织、社会团体等的认可。这份报告基于人均国内生产总值（GDP）、健康预期寿命、生活水平、国民内心幸福感、人生抉择自由、社会清廉程度以及慷慨程度等多方面因素进行研究并得出结果。

《赫芬顿邮报》在首份报告发布时就指出，财富在衡量幸福指数时只占了一小部分。除去上述社会因素外，心理健康是至关重要的个人因素。根据世界卫生组织的数据，在发达国家，精神疾病患者占比超过40%。即使在非常富裕的国家，也有大约四分之一的精神疾病患者在接受治疗。

这则"全球幸福国家排行榜"的新闻，对在后经济危机时代苦苦挣扎的各国来说，特别有借鉴作用。我们看财经新闻并不能只看眼前的、短期的讯息，关于板块涨跌、利好利差满天飞的股市小道消息对我们的投资并没有太大的帮助；多看一些分析"为什么"和分享"如何做"的大气的财经读物，才对你养成正确的投资和财富观、提升自我的修养和幸福感有真正的帮助。

在新的改革政策下，中国正迎来新的机遇，我们要谨慎吸取其他国家的经验教训，根据自身的特色走出一条可持续发展之路。2018年全球幸福国家榜单的编纂人员总结得特别好："幸福的秘方并不在于财富的多少；此外，社会发展越均衡、越全面，越有助于提升民众的幸福感。""北欧模式"恰是对我们看懂财经新闻四大原则的最后一条原则——"回归常识"最好的诠释和应用，还原事物本来的面貌，顺应自然发展的规律，在纷繁复杂的世界面前，掌握健康、成功、财富和幸福的秘诀并非遥不可及。图5.1所示为2015~2017年全球幸福国家排名。

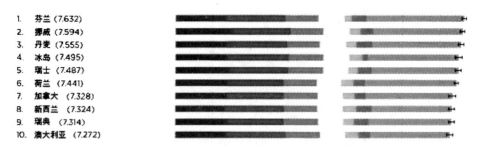

1. 芬兰 (7.632)
2. 挪威 (7.594)
3. 丹麦 (7.555)
4. 冰岛 (7.495)
5. 瑞士 (7.487)
6. 荷兰 (7.441)
7. 加拿大 (7.328)
8. 新西兰 (7.324)
9. 瑞典 (7.314)
10. 澳大利亚 (7.272)

图5.1　2015~2017年全球幸福国家排名

2010年8月，《纽约时报》发表了题为《丹麦开始削减令人羡慕的社会保障》的文章。就标题而言，文章似乎想提出疑问：丹麦的高福利社会能维持多久？被失业率和债务危机折磨得焦头烂额的美国人理应反省自己的生活模式才对，怎么开始质疑起北欧模式来了？

美国模式和北欧模式，哪个才是可持续发展的模式？哪个值得我们学习和借鉴？用常识分析一下，答案不难找到。

目前全球主流所倡导的经济模式是美国模式，其经济理论依据的是新凯恩斯主义。该主义主张：（1）通过减少储蓄增加支出来带动经济增长。（2）"需求"重于"供应"。（3）消费可以带动生产。（4）无需金本位，法定货币是可取的。（5）可以充分依赖政府来调控经济。

违背了经济学常识的美国模式已经被证实是一条走不通的路。特别是2008年金融危机之后，美国钻进了死胡同，到现在还出不来。把新凯恩斯主义的经济理论比作毒品一点也不为过，染了毒瘾的美国唯有靠一次又一次的"吸毒"来暂时挽救经济，拖延死亡日期。

幸好，在这个地球上，北欧模式似茫茫黑夜的一盏明灯，为我们指明了今后的方向。

北欧的高福利社会令人羡慕

颇具讽刺意味的是，《纽约时报》的这篇《丹麦开始削减令人羡慕的社会保障》通篇读下来，原本抱怨连连的负面报道，却越看越令人羡慕。在丹麦万一失业，立刻能领取相当于失业前工资的80%的失业补助，前提是必须参加求职培训计划，而失业补助金可以连拿4年。文中说，如今遭遇全球经济危机，丹麦政府顶不住了，因此要削减福利，将领取失业补助的期限从原来的4年降低到2年！

文中提到一位58岁的护士因病失业在家4年，不仅有一年的时间可免费治病，而且还拿着80%的工资参加职业培训，最后获得了电话销售的工作。后来她不幸赶上经济危机，目前又带薪接受秘书职业培训。面对政府削减福利，这位护士因只能领取两年失业金而抱怨连连。

这在我们看来简直就是甜蜜的抱怨嘛。事实上，像丹麦这样的高福利国家，在北欧还有挪威、瑞典和芬兰。可以这么说，这些国家40年前都不如美国。但回头检视，现在情况如何呢？

据一位出差到挪威的朋友回来抱怨，他在挪威时，上午10点之前基本上喝不到咖啡，咖啡店最早也要到10点才开门，而下午6点又准时关门歇业。碰到星期日，所有商店一律不营业，这哪能比得上纽约啊？在纽约，人们早上5点就能喝上咖啡，有些连锁店直到凌晨1点还在营业，顾客进去照样能喝到热咖啡。

而另一位远嫁瑞典的朋友告诉我，瑞典的政府机关和政府所属单位，每年的6月上旬到8月上旬要放两个月暑假，特别是歌剧院、图书馆、博物馆这些由国家资助的文化机构。民营企业则放三周暑假，到了圣诞节及新年期间再放两周假期。也就是说，在瑞典，一般的上班族一年至少有5周带薪假期，再加上其他法定假、病假、事假等，一年中几乎有半年在休假。

我们虽然早就听说北欧国家富有、福利制度好，但从未料到竟然会这么好！父母跟着孩子一起放暑假，悠闲自在地陪孩子去海滩冲浪，到度假胜地去亲近大自然，抑或到周边国家去旅行，培养亲子之情。

北欧信奉传统经济学。传统经济学视节俭、勤奋工作和生产为美德；

认为金本位抑制了通货膨胀，并提供了稳定的货币环境，使经济蓬勃发展；政府应努力担负财政责任来平衡预算；国家政策一般不应过分干预经济事务；生产才能带动消费；在供求关系中，"供"比"需"更重要，因为良好的"供"创造了另一种"需"。

遵循着这套传统经济模式，北欧国家踏踏实实地发展生产，靠储蓄、节俭成为全球社会福利最完善、人均GDP最高、老百姓最富有的国家。

北欧国家各项指标领先全球

于是一个疑问产生了：丹麦人失业有优渥的失业补助金，瑞典的上班族享有暑假（在北美，只有学校师生才放暑假），而挪威人似乎并不把赚钱放在第一位，那么，市场竞争体现在哪儿，是不是北欧人都太"懒惰"了？

丹麦、挪威和瑞典，全都名列全球最富裕的国家之列，实行免费全民健保，国家资助高等教育和全面的社会保障体系。如果说北欧人懒惰，那我们怎么理解这一点？

另一方面，无论你用哪一项经济指标去衡量，这些国家都能保持在全球前三位。我们以挪威为例。对于GDP指标，挪威并没有刻意地去追逐，但它在很长时期内总能保持人均GDP居世界前三位；并且连续6年（2001~2006年）按联合国开发计划署编制的人类发展指数（HDI）衡量居世界首位；其2008年的人均收入为世界第一；过去4年中，挪威一直是联合国评选的全球生活水准最高、最适于人类居住的地方。

而且很重要的一点是，联合国开发计划署依照基尼系数来衡量，结果显示全球贫富分化最小的国家前4位是丹麦、瑞典、捷克和挪威。由于社会财富分配相对均衡，北欧这些高福利国家的企业，其CEO的薪酬与工人最低工资一般相差2~3倍，最多不超过7倍。北欧国家不仅每小时劳动生产率及平均小时工资在世界上名列前茅，而且就国民总收入这一指标，挪威在美国之前排第四，丹麦紧跟美国列位第六，瑞典排第八。

别忘了，就在美国家庭为高昂的大学学费头痛的时候，北欧国家人人都可以接受良好的免费教育，也因此北欧拥有高就业率。对于北欧人而言，工作似乎已不是谋生的手段，他们可以凭兴趣来选择职业。而对于像CEO那样的顶级高层来说，由于国家征收高所得税（最高可达83%），所以其税后收入实际上只比清洁工高一点而已。显然，他们很在乎体现个人价值的同时又为社会做贡献。

有鉴于此，即使在金融风暴过后，依据2018年的统计，挪威的人均GDP依然高达48.7万美元，在西方发达国家中仅次于卢森堡和瑞士，而美国的人均GDP只有37.5万美元，排在第五位，挪威高出美国一大截。

挪威：环保和理智的典范

事实上，挪威土地贫瘠、地貌多变，主要是由山区和高地组成，包含有许多冰川和瀑布；地质多半是花岗岩和片麻岩，板岩、砂岩和灰岩也都很常见。由于挪威属高纬度地区，白天的季节性变化非常大。从5月下旬到7月下旬，有长达20小时的白天。相反，从11月下旬至次年1月下旬，北方的太阳似乎永远低于地平线，日照时间很短。极昼与极夜的天然生存环境，养成了挪威人珍惜资源、勤俭节约和爱好户外活动的习惯。

20世纪60年代，挪威大量的石油和天然气被发掘，经济繁荣得以持续增长，石油和天然气的出口收入占出口总额的45%，只少于俄罗斯和沙特阿拉伯这两个原油出口国，而出口收入占挪威整个GDP约20%。挪威石油资源如此丰富，德国又在不远的隔壁，是最有资格发展汽车工业的国家。但挪威政府并不鼓励开车文化。在挪威人的概念里，没有一辆车是"绿色"的（所谓的环保车）。在挪威，汽车广告必须是"告知真相"的广告，挪威国家消费者监察部2008年1月发布了新限令，禁止汽车制造商使用"绿色""清洁"和

"环保"字样的汽车广告。几十年来，"步行上学"一直是挪威首都奥斯陆市政府的市政规划。为促进孩子积极的生活方式，父母被明确要求不能开车送子女上学。为了确保孩子步行路线的安全性，政府通过立法最大限度地减少交通堵塞，甚至在市中心也不例外。天然的生存环境与政府的正确疏导，使挪威人的徒步远足和喜爱滑雪的习惯代代相传。

在挪威的马路上鲜有豪华轿车争奇斗艳，人们并不视开豪华车而高人一等。奥斯陆的市政当局最近购买了3000辆自行车，供广大市民使用，市府购车的速度还在上升，马路上完全被骑车人和走路的行人所包围，仰望城市的天空，蓝天白云，简直是一道亮丽的风景。

石油出口为挪威带来了滚滚财源，但挪威政府并没有大手大脚地乱花钱。相反，挪威人非常理智，他们深知总有一天地底下的石油会挖完，未来的石油收入是不确定的。挪威政府从1995年起，便把石油收入储存在一个主权财富基金账户——全球政府养老基金。预测表明，挪威养老基金可能成为世界上最大的投资基金，据保守估计，截至2017年4月，挪威养老基金已达到9221亿美元，合着每个挪威老人都是百万富翁。

学习北欧勤俭健康的生活方式

挪威、丹麦和瑞典等北欧国家，几乎做到了保证每一个公民充分享受由他们创造的社会财富。老百姓人人可以接受从小学到大学的良好的免费教育，看病不需花钱，在人人平等的价值观的影响下，社会财富的分配相对均衡，又老有所养，真可谓生活得无忧无虑。前几年，国际经合组织根据加拿大的"商业繁荣潜力指数"，对未来10年经济发展将呈现繁荣景象的30个国家进行了预测。依据各个地区的人口、贸易、能源、科技和教育等方面的指标，在这些未来将获得经济可持续发展的国家中，瑞典、挪威和芬兰名列前三甲。很遗憾，中国不在这30个国家之列。

从排名看，前三位全都是北欧国家，美国排在第12位。尤其是挪威，它所处的地理位置和相对缓慢的经济发展速度以及运输技术的发展方向，使它能够免受美国和其他欧洲国家生活方式的影响，它的经济发展潜力反而比美国大。因为挪威人的价值观和种种传统深入民心，我们无法想象，这么富有的北欧人，居然节俭到令我们匪夷所思的地步，令金融霸权绝无可乘之机。

在挪威的街头拐角，勤俭商店（类似中国过去的旧货商店）随处可见。说来很多人不信，生活在挪威，假如有一天你为孩子过生日，拆开礼物盒，看见里面是洗涤干净的旧衣物，千万别大惊小怪，这在当地已蔚然成风。当然，假如把这一场景搬到中国，我们也无法想象送礼之人还有何脸面做人？在当今的中国，夫妇俩赴宴一个座位，500元的"市价"已不能算高。

法国思想家卢梭曾说过，节制和劳动是人类的两个真正的医生：劳动促进人的食欲，而节制可以防止他贪食过度。挪威人爱好运动的习惯没改变，他们很少开车，政府也不提倡开车文化。挪威人传统的饮食习惯也没改变，挪威的传统食品——鱼、肉、土豆和蔬菜依然是餐桌上的主角。即使有钱，外出就餐对他们来说也很难得。挪威的餐厅规模普遍比美国的小，其提供的食物分量也比美国小，在美国为一人份的菜品，到了挪威就变成三人份。直到现在，美国的麦当劳和肯德基的快餐文化根本无法在挪威流行起来。

有必要在此插一句，原本中国人的饮食很健康，以五谷杂粮为主食，再佐以豆制品、蔬菜瓜果、鱼、蛋、家禽和少许肉类；中国的饮食文化则更是源远流长，八大菜系闻名世界，烹饪技术也最发达，众多传统名菜、地方小吃更是风味独特，不仅深受中国人喜爱，而且也吸引了众多外国人。但我们却丢弃了传统的中国美食，引进了美国的垃圾食品。

目前肯德基在中国的450座城市开设了2000多家餐厅，麦当劳的分店也达400多家。这些典型的美式快餐如牛肉汉堡、乳酪、炸薯条、炸鸡块和可口可乐，富含高脂肪、高油脂、高盐和高糖。麦当劳的总裁在50多岁英年早逝，酷爱垃圾食品的克林顿在50多岁时心血管堵塞了80%，不得不多次进行心脏手术。这些都凸显了美国的饮食文化对人类健康的危害。

但是，中国好多影视作品却把带孩子吃麦当劳、肯德基的快餐以及喝可乐当成一种时尚进行宣传，这样会把中国的下一代都培养成垃圾食品和垃圾文化的拥趸。在经常食用"四高"食品的饮食习惯下，中国的糖尿病患者增长速度上升到世界第二。以北京为例，北京45岁以上的人群中，糖尿病患病率已高达16%，与此同时，一大批糖耐量低减人群已成为糖尿病患者的"后备军"。这一患病比例甚至超过了美国。美国垃圾文化就这样一点一点地渗透到中国，在不知不觉中，渐渐排挤了中国优秀的传统文化。

根据2007年世界卫生组织收集的数据，在之前的两年中，美国糖尿病患者几乎增加了15%，接近2400万人，占人口总数7.8%，特别是超重引起的糖尿病长期困扰着美国人，令美国濒临崩溃的医疗体系再添负担。而挪威人健康的生活习惯，自然使他们减少了得病的可能性，这样一来，不但政府减少了医疗开支，而且个人的生活质量也随之提高。挪威的糖尿病病例在西方国家中是最少的，只占所有病例的3.6%。5年前的一项调查发现，整个挪威只有15个成年人因超重引起糖尿病，其中一人还是新移民。

纵观挪威人的生活方式，不正是中国老祖宗留下的勤俭持家、积谷防饥、一分耕耘一分收获以及决不寅吃卯粮的生活模式吗？正因为按照常识实行传统的经济模式，北欧国家逃过了经济危机，成为全世界最富有的国家。它们的经验已经向我们证明了什么样的经济模式是可持续发展的。

因此，无论如何也轮不到美国来质疑丹麦这样的北欧国家，面对全球分配最公平的丹麦和挪威，那些说什么"高福利必养懒人"的经济学家，难道不应该重新审视自己的结论吗？而中国更应该重新思考一下，究竟是继续向贪欲无度、借债消费的美式生活靠拢，还是向北欧人学习顺应自然、返璞归真的发展模式，遵从常识，从更高境界上找回自己老祖宗的生活真谛？

华尔街主要投资银行

高盛（Goldman Sachs）

高盛公司成立于1869年，是华尔街上知名的国际大投行之一，提供全球全方位的金融服务。公司业务主要分三类：公司上市及合并、证券交易，财产管理。高盛对中国的市场非常感兴趣，是最早进入中国的华尔街投行之一。自从改革开放以来，现任美国财长、高盛前老总鲍尔森曾访问过中国70多次。高盛总部设在纽约，并在东京、伦敦和中国香港设有分部，在23个国家拥有41个办事处。高盛100多年来一直是以Partners的私人公司形式经营，直到1999年，顺应潮流上市。

摩根士丹利（Morgan Stanley）

摩根士丹利俗称"大摩"，是华尔街十大投行之一，提供包括证券、资产管理、企业合并重组和信用卡等多种金融服务，目前在全球27个国家的600多个城市设有代表处。摩根士丹利原是J.P.摩根的投资部门，1933年美国经历了大萧条，国会通过《格拉斯—斯蒂格尔法案》（Glass.Steagall Act），禁止公司同时提供商业银行与投资银行服务。摩根士丹利于是作为一家投资银行于1935年9月5日在纽约成立，而J.P.摩根则转为一家纯商业银行。

美林证券（Merrill Lynch）

美林证券是世界知名的华尔街证券零售商和投行之一，总部位于美国纽约。美林由查尔斯·E·美瑞尔（Charles E.Merrill）创办于1914年1月7日，位于纽约市华尔街7号。几个月后，Merrill的朋友林区（Edmund C.Lynch）加入公司。随即公司正式更名为美林。目前，美林在世界超过40个国家经营，管理客户资产超过1800亿美元。2008年9月14日，美国银行与美林达成协议，以约440亿美元收购后者。2013年10月1日，美国银行正式解散美林，但仍继续使用其商标名称。

花旗银行（Citibank）

花旗银行总部位于纽约市，是在中国开办业务的第一家美国银行。1902年5月15日，花旗银行的前身之———国际银行公司（International Banking Corporation）在上海开设分行，这也是花旗银行在亚洲的第一家机构。2008年金融危机前花旗银行业务遍及50个国家，触角遍布全球，服务于2.68亿零售客户。金融危机发生以后，花旗银行损失惨重，不得不接受政府救助。自此以后，花旗业务开始全面瘦身，不仅从海外20多个国家撤出，其在美国境内的零售网也裁撤了逾2/3。与此同时，花旗员工总数下降40%，零售客户"流失"6900万户，约占其客户总数的25%。

美洲银行/美国银行，简称"美银"（Bank of America）

若以资产计，美洲银行是美国第二大银行，Visa卡的前身就是美洲银行所发行的美洲银行卡（Bank-Americard）。美洲银行极其看好中国市场，2005年6月17日，美洲银行注资30亿美元入股中国建设银行，并将分阶段对建设银行进行投资，最终持有股权可达19.9%。美银证券（Banc of America Securities）是美洲银行旗下的华尔街证券公司（注意，这里是"Banc"而不是"Bank"，说明它不是一家普通的商业银行，而是华尔街投行，客户在其中的各种投资都是没有联邦存款保险的），虽然起步晚，但由于有母公司的依托，成长迅速，目前已进入华尔街前十大投行之列，这代表了所谓的"one stop shop"（"一站式服务"，即在一家金融公司就可以得到所有金融服务）的发展方向。

瑞士瑞信银行，简称"瑞信"（Credit Suisse ）

瑞士瑞信银行是一家成立于1856年的投资银行和金融服务公司，总部设在瑞士苏黎世，是全球第五大财团、瑞士第二大银行［仅次于它的长期竞争对手，瑞士银行（UBS）］。瑞士瑞信银行经营个人及公司的金融服务、银行产品及退休金、保险服务等，在50多个国家有分公司；公司总投资为245亿美元，管理财产为11953亿瑞士法郎。瑞士瑞信银行和中国有良好的关系，2004年帮助中国保险公司和石油公司在纽约证交所上市。

瑞银集团，简称"瑞银"（UBS）

瑞银集团是1747年成立于瑞士的一家银行，首家分行设立在瑞士的波斯基亚沃山谷（Valposchiavo）。而它的三个主要部分——瑞士联合银行、瑞士银行及美国的普惠公司Paine Webber和它们的前身，都是在19世纪60年代或70年代创立的。目前的瑞银在1998年6月经由瑞士联合银行和瑞士银行合并而成，总部设在瑞士巴塞尔及苏黎世，其分行遍布全美国以及50多个国家，是一个多元化的全球金融服务公司，是目前世界上最大的私人财富资产经理，其资本及盈利能力在欧洲银行中名列第二。瑞银的全球业务还包括个人银行、投资银行及资产管理，总投资资产达2.766兆瑞士法郎，股东权益为478.50亿瑞士法郎，市场资本高达1506.63亿瑞士法郎。

德意志银行（Deutsche Bank）

德意志银行是德国最大的银行，为全球十大商业银行之一，公司总部位于德国西部金融中心法兰克福。1998年为了将业务扩展到华尔街，德意志银行兼并了华尔街第七大投行——信孚银行（Bankers Trust）。2001年9月1日原信孚银行所在的自由街（Liberty Street）130号的德意志银行大厦，受到"9·11"恐怖袭击后严重损毁，德意志银行不得不重新选择办公地点。

J.P.摩根大通（J.P. Morgan Chase）

J.P.摩根大通是2000年由美国大通银行及J.P.摩根（华尔街十大投行之一）合并而成。J.P.摩根大通业务包括投资银行、个人及商业金融服务、金融交易处理、投资管理及个人银行。J.P.摩根大通旗下拥有超过9000万名客户，包括多家大型批发客户。总部设于美国纽约市，是一家跨国金融服务机构，也是美国大型银行之一，业务遍及50个国家。J.P.摩根大通是华尔街十大投行之一。

美国主要证券交易机构

纽约证券交易所，NYSE（New York Stock Exchange）

世界上最大的证券交易所，建立于1792年，是华尔街上相当醒目的地标。

美国证券交易所，AMEX（American Stock Exchange）

位于华尔街，是美国第二大证券交易所；过去曾被称为路边交易所（Curb Exchange），这是因为它曾经位于曼哈顿下城的街道而得名。

芝加哥期权交易所，CBOE（Chicago Board Options Exchange）

由名可知，芝加哥期权交易所位于芝加哥，其期权成交量为美国各交易所之首。

纳斯达克（NASDAQ）

纳斯达克是美国的全国证券商会自动报价交易市场，它通过电脑系统储存，是一个以高科技行业为主的资本市场。

美国各类投资工具

股票（stock）

在美国，股票主要分为两类：一类为普通股票（common stock），也就是人们口中所称的股票，是典型的股市投资工具，代表了对发股公司的拥有权。例如，ABC公司在市场上有1万股股票，每一股就代表了万分之一的拥有权益。在美国，股票是仅次于固定收益工具的流行投资工具。股票的回报来源于两个方面：股票的分红（dividends）和资本利得（capital gains）。一般情况下，股东没有权利分红，直到公司董事会决定分红，由董事长向股东们宣告，股东们才视分红为公司无担保债权人（unsecured creditors）；而资本利得是市场价值超过买入价的部分。比如，你年初以每股40元买入XYZ的股票，若你年底以44元卖出，则每股可赚入4元（交易费用、税不计）。

另一类是preferred shares（优先股），优先股又分为两种：非累计优先股（noncumulative preferred shares）和累计优先股（cumulative preferred shares）。和普通股的相同之处是它们也代表了对持股公司的拥有权。而不同之处是不管董事长是否宣告分红，累计优先股总是有固定的分红，既有固定收益（fixed income），且以前没有拿到的分红将加起来一并计算；非累计优先股，顾名思义只是比普通股优先分红而已，以前没分到的红利不累计。一旦董事长向股东们宣告分红，优先股总是比普通股先得到分红。

蓝筹股（blue chips）是股市中优质的股票类别，就是上市时间长、业绩靓丽、具有高盈利、派红利稳定的大型上市企业发行的股票。

对股票的分析有两种方式：基本分析（fundamental analysis）是对公司自身的经营管理和财务报表（年度报表和季度报表）进行分析，包括盈利分析、债务分析、财务分析和价值分析等；技术分析（technical analysis）主要是根据股票价格走势与成交量的变化来推测股价未来的变化趋势，包括趋势分析、交易量分析和振子分析等。

如果一个上市公司将每股股票拆细为两股以上，使公司流通股票数目增大，这就叫分股分割或股票分拆（stock splits），不过公司的股本并没有改变。

证券代码（security symbol）是证券挂牌交易的代码。比如微软的交易代码是MSFT，花旗银行的是C。一般在纽约证交所上市的公司的交易代码从1~3，有3个字母。而在纳斯达克上市的公司则有4个字母。

固定收益证券（fixed income securities）

美国金融市场里的固定收益证券是指那些提供固定回报的投资工具，如债券（bond）、优先股（preferred shares）和可转换证券（convertible securities）。比较典型的是由政府或大公司所发行的债券，一般年限从20~40年不等。债券持有人（bondholder）有权得到固定的利息，如果你买了1000元、年限20年、每半年分利9%的债券，那你每半年就能得到45元（9%×0.5×1000）的利息，而本金将在到期时——20年后拿回；投资者也可以在债券到期前到市场上按市价将债券卖掉。美国的固定收益资产市场比股票市场要大三倍，证券是美国富人们最基本的投资工具，如比尔·盖茨几乎所有的钱都投资在各种固定收益证券上。

定息债券（fixed rate bonds）指票面利率固定、直至期满的债券；浮息债券（floating rate bonds）的票面利率与市场利率挂钩；而无息债券（zero coupon bond）无附设任何利息回报，发行机构根据债券面值（face value）在到期日偿还债券本金，故无息债券市价必定给予票面值较大的折扣，又称折扣证券（discount bond）。

中期国库券（treasury note）是美国政府发行的中期债券，期限由2~10年不等，每隔6个月定额派息一次，于到期日按面值购回。国库证券（treasury security）是美国政府透过财政部发行的债务票据。这类证券获得美国政府十足的信用担保，故被视为全无债务风险的投资。

短期投资工具（Short term Investment Vehicles）

美国金融市场上的短期投资工具，是指各种时效在一年之内的投资，如各银行的存款或一年内的定期存款（CD）、美国财政部发行的短期国债（treasury bill）、各公司发行的商业票据（commercial paper）、货币市场基金（money market mutual funds）等。一般来说，这些投资工具几乎不存在任何风险，可用来暂存暂时不用的资金；对保守的或仅以保值为目的的投资者来说更为合适。短期投资工具具有很强的流动性（liquidity），也就是说，随时可以在几乎没什么折损的情况下兑换成现金。当然，它们的回报率是所有投资工具中最低的。

共同基金（Mutual Funds）

共同基金又称为单位信托基金。在中国香港和中国台湾一般翻译为互助基金，在中国大陆一般称为投资基金或证券投资基金，不过它们和共同基金其实是有很大差别的。共同基金是由基金经理管理的、向社会投资者公开募集资金以投资于证券市场的营利性的基金。共同基金持有一揽子证券（股票、债券或其他衍生工具）以获得利息、股息或资本利得。共同基金通过投资获得的利润由投资者和基金经理分享。由于共同基金吸纳的是公众的资金，政府一般都对其实施比较严厉的管制，其组建、信息披露、交易、资金结构变化和解散都受到法律法规的限制。美国的管制尤其严格，对它每年的交易次数都有严格的控制。封闭式基金（closed end fund）是指发行股数有限定数目，所有交易由投资者互相在公开市场中自由买卖，价格由市场价格决定，而并非以基金的资产净值计算的基金。指数基金（index fund）模拟市场指数波动，持有股份及比例完全按照市场指数成分股的比重，以达到其收益完全跟随市场指数的波动。例如S&P500指数基金，其收益就是根据标准普尔500指数起伏的。

免佣共同基金（no-load mutual fund）是指买卖时不收取费用的共同基金。

每种基金均由一个或一组基金经理（fund manager）负责决定该基金的组合和投资策略。

资产净值（net asset value）一般指共同基金组合的资产总值。

衍生证券（Derivative Securities）

衍生证券，顾名思义，就是由普通证券衍生出来的，是一种既非贷款（像债券）也非股本（如股票）的证券。它们的价值是由标的证券（underlying securities）而确定的。衍生证券分为两大类：期权（options）和期货（futures）。购买了衍生证券便表明你对其标的证券（underlying securities）具有某种权力。衍生证券有明显的杠杆作用,可以"以小博大"；但"成也萧何，败也萧何"，因其风险极大，普通投资者不宜介入。而对专业的投资者，如大投行、基金公司特别是对冲基金，衍生证券则是它们分散风险的利器。风险管理（risk management）就是以各种衍生证券来做模型，以达到在"一揽子"投资里分担甚至避免风险的目的。

在期权中，买入期权（call option）是指拥有权利在指定期限前，用指定的行使价格或履约价格（strike price）购买标的证券；卖出期权（put option）是指拥有权利在指定期限前，用指定的行使价格卖出指定的证券。买期权所附的费用称为权利金（premium）。

期货合约（futures contract）指必须履行的承诺，于指定的期限以商品的价格交付指定的商品。

对冲（hedge）是指利用购入其他证券，以保障现时的证券价格不受或降低将来市场价格波动的影响。衍生证券在做对冲时扮演着重要的角色。

其他各类在美国比较流行的投资工具

前面提到的五大类投资工具，也是目前各国普遍采用的投资工具。美国还有一些其他的投资工具，比如房地产（real estate），包括居民住宅、土地、商业楼宇等；还有看得见、摸得着的有形资产（tangible assets），比如钻石、邮票、艺术品及古董（这些都不属于华尔街的业务范畴）；还有税收优惠（tax advantage）的投资，因为在美国，富人每年要交纳高至45.3%的所得税，这些投资方式可以让他们合法地延迟缴税，如401K计划（一种养活保险制度）、个人退休账户（IRA）等（因各国具体情况不同，也就不在这儿具体介绍了）。

其他华尔街常用术语

基点（basis point）

1的1%，用作表示利率变动的幅度。比如利率由5.25%升到5.31%，相等于上升了6个基点。

熊市（bear markets）、牛市（bull markets）

市场气氛畅旺，投资者对市场持乐观态度，股价持续上升，便代表牛市；而市场气氛低迷，投资者对市场产生悲观情绪，股价持续下跌，便代表熊市。

账面价值（book value）

股东所持股的账面价值，相当于公司资产值减去公司负债及公司优先股值。

经纪人（broker）、经纪公司（ brokerage firm）

经纪人是指执行客户指令并收取佣金的人。比如在交易所场内执行客户指令的场内出市代表，或处理散户及其指令的股票经纪人，以及在买方与卖方之间充当中间人，借以收取经纪佣金的人士。专门从事股票、债券、商品或期权交易的经纪人在买卖中充当代理人的角色，他们必须通过执照考试（如Series7），并在进行证券交易的交易所注册登记。而经纪公司就是证券交易业者，简称券商或经纪商。

抵押品（collateral）

贷款的担保物，例如，因买房子而向银行贷款，一般就是将房子作为抵押品，抵押给银行。

复利（compound interest）

复息利率为累进制利息，利息回报并非只按本金计算，而是将本金及利息累加计算，就是俗称的"利上滚利"。未来值（future value）就是指现时的资金增长至将来的价值，以复利计算。

信用评级（credit rating）

信用评级公司（如标普、穆迪）评核发行债务公司偿还能力的评级。

当日订单（day order）

指即日有效的买卖指令，在交易日结束时仍没有按指令限价完成交易的话将被取消。

日内交易（day trader）

指证券市场里当天买卖的投机者，他们指望利用一天之内的证券价格变动来牟利。

分散风险（diversification）

利用不同的投资工具降低整体投资组合的风险。

荷兰式拍卖（dutch auction）

是一种购买新上市公司股票的方式。投资者先注册，然后出价购买至少5股，所出的价称为拍卖标的竞价。承销商将所有竞价搜集起来，竞价由高到低，依次递减，直到以合适价格成交。

Google的上市就是用这种方式，最后确定成交价为140美元，对于竞价高的投资者没有关系，如竞价200美元的，他仍以140美元买到，但那些竞价低于140美元的投资者就买不到Google的股票了。

盈利或收益（earnings）、每股盈利（earnings per share，EPS）

盈利或收益是指公司扣除所有税项及利息后的盈利。每股盈利是指每股分摊的盈利。

电子通信网络（electronic communication networks，ECN）

一种自动撮合买进、卖出委托的即时电子化交易系统，相当于一个虚拟网络交易所，有望取代传统间接交易系统而成为主流交易系统。

绿鞋子期权（greenshoe option）

新上市公司给承销商（underwriter）的一种权利，即在上市后，承销商可以以指定价格买入该股票，然后按市场价格出售。比如Google给瑞士信贷绿鞋期权的指定价格是100美元，当Google的市价到150美元时，瑞士信贷若执行这个期权，每股则可获利50美元。绿鞋期权在法律上的名称是"over allotment option"。

收入（income）、收益表（income statement）

收入就是在指定期间内个人所获得的金钱；而收益表是公司主要财务报表之一，说明该公司营运的盈亏状况、业务变化的趋势。

个人退休账户（individual retirement account，IRA）

在北美，政府为了鼓励和照顾纳税人安排退休计划，提供了多种多样的具有税务优惠如免税（tax free）或延税（tax defer）的个人退休账户，如401K、RRSP、Roth IRA等，这些账户可以进行各种各样的投资。因为享有税务优惠，用个人退休账户投资的获利将在复利中加速增长。

首次公开招股（initial public offering，IPO）

首次公开招股是指一家公司初次推出股份让公众认购的行为，而该公司则在其后一段时间内被称为新股公司。当新股公司将股价挂牌在证券交易所，供公众买卖，称为挂牌（listing）。挂牌的第一天称为上市日期（listing date）。新股公司于首次公开招股时让公众认购的股价为首次公开招股价（IPO price），上市后，股价的波动将受到供求的影响。

配售（placing）是指发行公司或中介机构选择或批准某些人士认购证券，或把证券发售给他们。新股公司为首次公开招股出版的文件叫招股书（prospectus），其中包括详细列明条款与细则、申请程序及首次公开招股等资料。

美国申请上市的公司上报后，可在承销商（underwriter）的协助下向各地可能参与销售的经纪人/经纪公司和购买上市股票的潜在投资者进行介绍，但不可从事宣传鼓动，这就称为路演或巡回介绍（road show）。

冷却期（cooling period）指美国申请上市公司上报材料给证券当局而静候审批的20天时间。该期间申请上市公司要遵循证券管理委员会的有关规定，如上市前不可从事销售活动，更不能利用媒体透露消息，违者将受到严厉的惩罚。

市值或市价总值（market capital）是指公司发行的普通股票的股数与股票市场价格的乘积。

内线交易（inside trading）

由于取得内线消息（inside information）所进行的交易是非法的，在美国，对内线交易的处罚不仅有金钱上的重罚，违法者还将坐牢。

内在价值（intrinsic value）

期权或认股证的行使价与待敲资产市价的差异。

1940年美国投资公司法（Investment Company Act of 1940）

对共同基金的基本功能、投资或再投资做出的明文法律规定。

1940年美国投资顾问法案（Investment Advisers Act of 1940）

该法案确定了对投资顾问（investment adviser）的法律要求，于1996年做了修正补充，新规定要求2500万美元以上的顾问公司必须向证券交易委员会注册。

杠杆比率（Leverage Ratio）

偿还财务能力比率，量度公司举债与平常运作收入，以反映公司履行债务的能力。

变现能力（Liquidity）

企业可运用的现金，或在不会大幅折价下的套现能力。

保证金账户（margin account）

保证金账户是一种可以透支投资的账户。向证券商申请开设保证金账户时，你存入该账户的现金以及自己付钱购买的证券的价值，就是券商借钱给你的首次保证金或抵押品；其容许借款额度取决于保证金的多少。如果保证金的证券跌价，支持你贷款的抵押品的价值也会下跌，这意味着保证金缩水，因此，券商就会采取行动，所谓保证金追缴通知（margin call），就是要求追加保证金，或者卖出你的保证金的证券，以维持保证金要求的抵押资产净值。

保证金结余（margin balance）

是指保证金账户内的未平仓净结余，如为负数，即指亏欠券商的金额；如为正数，则可赚取利息。

造市商（market maker）

造市商负责股票的"创造市场"活动，也就是说，在市场交易时间内提供买卖双方报价，进行撮合成交。卖出价（ask price）是交易商愿意出售证券的最低价格，买入价（bid price）是交易商愿意购入证券的最高价格。而造市商的利润取决于其所提供的买入价与卖出价间的价差（bid ask spread），以及撮合成功的交易量。造市商必须投入自有资本做交易，持有所负责造市股票的部分，并与其他的造市商竞争委托单。造市商持有大量的存仓股票，并经常在市场上开出买卖价，对市场走向有重大影响，是我们通常所称的"庄家"。

如果在证券市场上，股价及走势基本上受造市商主导的话，称为报价驱动市场（quote driven market），亦称（dealer driven market）。

买卖证券的订单（order）

市价订单（market order）是指按当时市价执行的订单，这是要求经纪人/经纪公司按市场价尽快执行的指令。在交易时间内，交投畅旺的证券的指令，通常于达到或接近市价时执行。限价订单（limit order）要求经纪人/经纪公司按指定或更佳价位执行买卖的指令。买入指令按照限价或低于限价执行，卖出指令则按照限价或高于限价执行。

止损指令（stop order）

是指当证券价格突破指定的止损价时，则止损价买卖指令自动变成市价订单，并按市价执行，而成交价可能高于或低于止损价。

仓位（position）

账户或投资组合中所持有的证券。

私募（private placement）

与公开上市的"公募"方法不同，私募是自行私下筹资的方法。由于私募风险较大，因而美国证券当局针对私募制定了更为严格的法规细则。

私有化（privatization）

"私有化"一词在中文中可用于两种完全不同的情况：其一常指将国有企业的所有权转给私人，即民营化；其二指将上市公司的股份全部卖给同一个投资者，从而使一个公众公司（public company）转变为私人公司（private company），对应英文为taking private。

专业操作规则（professional conduct regulations）

交易所会员在交易证券时必须遵守的要求。

1935年美国公共事业控股公司法（Public Utility holding Company Act of 1935）

指美国为电力、天然气等生产和销售业的控股公司制定的管理法规。

回报（return）

指投资收益或损失的价值。投资收益比对本金的百分比称为回报率（rate of return）；而扣除通胀率的实际回报率称为实际利率（real interest rate）。年初至今的回报（year to date return）是现股价与上年最后一个交易日股值的回报百分比。到期孳息率（yield to maturity）是债券到期时，相对于原先本金的总收益回报率，以复利率计算。

罗斯个人退休账户和401K计划（Roth IRA和401K plan）

以联邦参议员威廉·罗斯（William Roth）的名字命名的罗斯退休账户，

已发展成为适用于所有在职美国人的退休账户。与传统个人退休账户不同的是，罗斯个人退休账户的存款是不可抵税的。然而，你的投资可在免税的情况下成长，存款可在任何时候取出，不必缴税，也不会受罚。目前每个在职的美国人最多能买4000美元退休金，如果4000美元全部买了传统抵税退休金，则不能再享受罗斯退休金计划了。比如，你在传统的退休金账户里存了2000美元，在罗斯退休金账户里还可以存2000美元。实际上，罗斯退休金计划是给无法享受抵税的高收入美国人制定的。但到了70岁，就不能再买了。

401K计划是美国于1981年创立的一种专门适用于营利性私人企业的延后课税（tax defer）退休账户。由于美国政府将相关法律制定在国税条例（internal revenue code）第401K条中，故简称为401K计划。这是一个自愿行使的雇员工资扣款和雇主配合捐助相结合的协议计划。雇员可投入自己的金钱，每年不超过15000美元，同时公司也将捐助部分资金投入雇员的计划里，直到该雇员离职。由于这个计划每年可免税高达5800多美元，号称是政府"给中产阶级最大的礼物"。

1933年美国证券法（Securities Act 1933）

指美国于1933年通过的证券法，主要包括两方面内容：公司上市时必须向投资者提供各种足够的有意义的会计信息；禁止在证券发行中存在欺诈行为。该法的目的并不保证报表所提供信息的准确性，或评估出售证券的金融价值，或者给予投资者保险以抵消损失。该法只是确保投资者所有必要的信息以便做出理智的投资决定。

1934年美国证券交易法（Securities Exchange Act 1934）

指美国于1934年通过的证券交易法。法案正式授权成立证券交易委员会（Securities & Exchange Commission, SEC），这是管理公开发行证券的公司的最高机构。证券交易委员会的任务是保持交易的公平性，他们在大门口竖了一块牌子，上面写着"我们的宗旨是：要像扶七八十岁的老太太过马路那样，小心地保护广大中小投资者的利益"。

结算（settlement）

指证券买卖交易完成后，客户向经纪人/经纪公司/交易商支付所购入证券的资金，或向经纪人/经纪公司收取卖出证券后的所得，并将已卖出的证券寄给经纪人/经纪公司。

卖空，或称沽空（short selling）

指投资者对证券价格前景看淡，预期价格会下跌，以现价借入股票后出售，以期望该证券价格在将来下跌时，再以低价购回，或称补空（short covering）偿还给借股人，从而赚取价格差价。卖家在发出指令时，须说明是进行卖空，卖空活动一般仅限于股票，并只可透过保证金账户进行。这宗交易也称为空仓（short position）。卖空者可先向经纪人/经纪公司借入股票交给买家，然后于日后购回股份完成交易。经纪人/经纪公司有权随时收回借出的证券。根据卖空规定，投资者须把资金存入保证金户口内，以确保即使股价上升仍可购回股票。

当某一只股票被看跌卖空后，其卖空状态迟早会结束，卖空者早晚要买进股票补空。因此，当卖空对象价位下跌到一定程度时，可能物极必反，引发人们预期到底反弹乘机买回的反应，加上有些卖空者遭遇保证金追加通知的压力，被迫买回以了结交易，促成股价反而节节攀升，这种现象就称为卖空挤压（short squeezes）现象。

纽约证券交易所卖空法则规定，卖空指令只有在符合上升价位规则（the uptick rule）或等值加价规则（zero zero plus tick）时方可执行。所谓上升价位规则是指股票成交价要高于前一次的成交价；而等值加价规则是指股票成交价等同于其前一次成交价，而且前一次的成交价高于再前一次的成交价格。比如，一只股票在40美元成交之后升至41美元，这就是上升价位；如果下一个成交价还是41美元，那就是等价上升价位。简言之，只有在一只股票价格上升时才能做卖空。

投机（Speculation）

指投机者企图利用投资工具赚取厚利（利用金融产品的价格波动，仅靠价差而获利），而甘冒极大的风险。

1939年美国信用合同法案（Trust Indenture Act of 1939）

指主要对各种债券的公开价买卖做出的法律上的规定。

价格波动率（volatility）

指证券价格在某个特定期间的预期波动程度，显示可能出现涨势、跌势或上下波动。

认股权证（warrant）

指一种通常与债券或优先股一并发行的证券，持有人可在限期内或者无限期地以固定价格（通常高于发行时的市价）按比例购买普通股。认股权证也称为"认股证书"，可以转让，并可于主要交易所买卖。